Venciendo al Destino

Venciendo al Destino

LA DESGARRADORA HISTORIA
DE LA VIDA REAL DE
"HENRY NELSON"

Connie C. Torres

Para realizar pedidos de este libro, contacte con:
Palibrio
1663 Liberty Drive, Suite 200
Bloomington, IN 47403
Gratis desde EE. UU. al 877.407.5847
Gratis desde México al 01.800.288.2243
Gratis desde España al 900.866.949
Desde otro país al +1.812.671.9757
Fax: 01.812.355.1576
ventas@palibrio.com
829619

Índice

"Yo, que nunca tuve a quien amar,
que anduve caminos por andar.
Yo que fui creciendo sin calor,
sin tener hogar, sin comprender.
Fui mirando al fin la realidad,
luego yo aprendí lo que es querer.
Me acerqué a la luz de la verdad,
y encontré mi nuevo amanecer".
Henry Nelson

Introducción

Relatar la historia basada en la vida real de un personaje que nació un 4 de diciembre en Tres Esquinas, Armenia del Quindío-Colombia, un gran honor tener ese privilegio, que el gran cantautor, músico, productor y arreglador de sus canciones, el romántico de siempre "Henry Nelson" me diera la oportunidad de poder recrear sus vivencias, plasmando su vida personal y trayectoria musical en este libro que los invita a conocer a un genio musicalmente hablando, creador de poesías convertidas en canciones de amor y desamor, pero también, nos contagiamos del gran ser humano que existe detrás del extraordinario artista, a quien la vida le tenía preparado un desafortunado destino que logró vencer. Un sensiblero y soñador, romántico por excelencia, que nos ha dado la pauta para reflexionar en asuntos del amor en todas sus facetas. Con historias de situaciones reales plasmadas en las letras de sus canciones, con sueños y fantasías que nos transportan al mundo mágico del amor, ese gran amor que los seres humanos esperamos en el camino de la vida. Un artista que canta por amor y le ha dedicado su vida a la música, hasta refugiarse en ella si fuera necesario. Su felicidad es que todos los que apreciamos su repertorio musical, la vivamos y la disfrutemos como si fueran nuestras canciones. Su amor por la música la sintió desde niño, y le tocó luchar muy duro para salir adelante con su sueño de cantar. Un joven incansable con un firme propósito. Aparte de todo el talento que tiene Henry Nelson para crear poemas y componer música, es una persona como pocas existen en este mundo, sus amigos y su público no solo lo admiran, también lo quieren y disfrutan escucharlo cantar en vivo. "Es un loco sin remedio que está preso de la música, que sigue vigente, y componiendo nuevas canciones para los románticos, aún en tiempos de pandemia". Los invito a que disfruten la Nueva Edición 2022, de la historia de un gran artista que se retó a sí mismo a convertirse en un gran cantautor. "Venciendo al Destino", la impactante historia de la vida real de Henry Nelson, contada desde su nacimiento hasta la actualidad. La desgarradora novela de un niño huérfano, que se convierte en un gran cantautor y músico, poeta y soñador que le canta al amor. No solo conocerán al artista, quien apostó su vida al mundo para lograr sus sueños, sino que en el transcurso de la historia aprenderán del ser humano a través de sus vivencias, colmadas de carencias, dificultades y sufrimientos que la vida le asignó desde su infancia, negándole la posibilidad de crecer junto a sus padres. Henry Nelson fue el vencedor de un destino incierto, quien puso el corazón al servicio de su soledad, creando su propio sendero, gracias a su perseverancia y buena actitud. Un personaje que superó las adversidades y conquistó el éxito en ese mundo donde la música esperaba por él, para lograr ese "gran encuentro" con su felicidad. Esta historia es un ejemplo para los que están buscando su camino, y una gran lección de vida para todos.

"Nací con un gran amor por la música, lo supe desde niño, cantaba como un hábito diario, que llenaba ese vacío inmenso en mi alma de crecer sin mis padres". Henry Nelson

El Nacimiento del bebé Henry

Estaba cayendo la tarde, el río bajaba de la montaña con su melodía monótona y ronca, estrellándose sobre las piedras. La parturienta sabía que era inminente el parto, los dolores se agudizaron. ¡Cuando de repente! ¡El bebé sorprendió a todos con su llanto! La comadrona Doña Mercedes salió a la puerta del cuarto donde los familiares esperaban ansiosos para darle la bienvenida al mundo al nuevo integrante de la familia. Los siete hermanos: Mercedes, Lilia, Ana, Arturo, Octavio, Celia y Fidel estuvieron presentes apoyando a su hermana Carlina López en el momento más importante de su vida, quienes en el mismo instante en el que un pájaro cantor deleitaba con su melodía en la espesura del monte, la madre del bebé les dijo: "El niño se llamará Henry". Era un hermoso día soleado en la ciudad de Armenia del Quindío, Colombia, un 4 de diciembre nació Henry Osorio López (Henry Nelson). El día de su nacimiento no estuvo su padre presente y no lo estaría por el resto de sus días. Desde aquel día, la vida del bebé que acababa de nacer estaría marcada por la carencia que se convertiría en su patrón de vida. Un niño abandonado desde antes de nacer, que marcaría su existencia en sufrimiento puro, y que en vez de convertirlo en un ser resentido con la vida, por lo contrario, mostró una nobleza, que lo llenaría de una gran enseñanza para su crecimiento como persona, perseverando siempre para lograr convertir sus sueños en una realidad.

El Encuentro de sus Padres

La historia comenzó dos años antes, cuando Carlina López y Braulio Osorio se conocieron un domingo a la salida de misa en la Plaza de Bolívar, Armenia. Se enamoraron a pesar de las diferencias entre ellos. Él era veinte años mayor que ella. Carlina provenía de una familia muy humilde. Un tiempo atrás, Braulio había quedado viudo, con 12 hijos a su cargo. El mismo día que se conocieron quedaron en volverse a ver a la salida de misa al domingo siguiente. El tiempo pasaba y seguían viéndose todos los domingos en la Plaza Bolívar en Armenia, hoy Departamento del Quindío. El amor que sentían los llevó a casarse y vivir juntos con los hijos de Braulio, en un barrio llamado Tres Esquinas, donde él tenía una casita modesta para poder ofrecerle a su familia. Los problemas entre ellos comenzaron a salir a flote cuando los familiares de Braulio, que provenían de una familia de clase media alta, consideraban que Carlina no estaba a su nivel, diferencias que para esa época eran muy notables. Cuando ella quedó embarazada se agudizaron aún más las diferencias familiares, pero ellos gracias al gran amor que sentían lucharon contra esas adversidades, vivieron su amor a plenitud como si el mundo se fuera a terminar al día siguiente, y con ese amor procrearon al bebé que hoy en día es un ídolo de la música romántica.

El Abandono de su Padre

Pasó algún tiempo, Carlina tenía cinco meses de gestación. El fruto de ese amor crecía en su vientre y un mundo de ilusiones con él. Francisco Osorio, hermano mayor de Braulio que vivía en Palmira, le ofreció a Braulio la oportunidad de trabajar para él como carpintero, con el fin de que le construyera una casa de madera en el campo. Él aceptó, ya que en ese tiempo no tenía trabajo, y le llegaba justo cuando más lo necesitaba, ahora que pronto iba a nacer su nuevo hijo. Braulio habló con Carlina, y de común acuerdo se marchó a trabajar en Palmira, Valle del Cauca, Colombia, comprometiéndose con su esposa a enviar dinero para sus hijos, incluyendo para el bebé Henry que venía en camino. Carlina se quedó en la casa en Tres Esquinas al cuidado de los hijos mayores que Braulio tuvo en otro compromiso. Como era difícil en ese tiempo mandarle el dinero a la casa donde ella se quedó con sus hijos, los padres de Braulio que vivían en el centro de la ciudad de Armenia, encargaron a su hermana Débora para entregar el dinero que enviaba Braulio para Carlina. Débora que nunca aprobó esa relación, se aprovechó de la oportunidad que se le presentó en bandeja de plata, recibió el dinero, pero nunca se lo hizo llegar a ella. Carlina pensando que Braulio la había abandonado, decide dejar la casa donde ella vivía con los hijos de él, los cuales se quedarían al cuidado de la familia de Braulio. Carlina se marchó con el pequeño recién nacido en brazos a vivir con sus hermanos en un barrio carenciado de Armenia, llamado San Vicente de Paul. El barrio precedía de casitas muy modestas, donde lo elemental hacía falta, pero al menos tenían un techo para cubrirse del frío y de la lluvia.

Henry conoce a su padre en una foto, en un concierto que realizó en Cali, Colombia en octubre del 2019 cuando un sobrino le entrega este gran regalo para él".

El Desencuentro de sus Padres que pudo cambiar el rumbo de esta historia

Tres meses después del nacimiento de Henry, cuando el dolor y el desencanto de Carlina por el padre del bebé estaba patente, un acontecimiento que pudo haber cambiado el rumbo de esta historia sucedió: "Caminando por el centro de la ciudad, a ella le pareció ver a Braulio entre la gente, y efectivamente sí, era él. Braulio se acercó a ella y le pidió conocer a su hijo, verlo por primera vez, muy emocionado intentó hablarle, pero Carlina no quiso darle esa oportunidad, solo cubrió el rostro del bebé con una manta y siguió su camino". Un momento de la vida en que sus protagonistas, progenitores del bebé Henry pudieron cambiarle el destino a un niño que sería el orgullo de sus padres si hubieran podido estar juntos los tres. Esa mala decisión marcaría el destino del bebé Henry. Si por el contrario, hubieran aceptado esa oportunidad de regresar y construir una familia, Henry con su forma de ser tan jovial habría llenado de alegría la vida de sus padres. Desde ese día sus progenitores jamás se volvieron a ver, por lo tanto, el bebé nunca conoció a su padre. El tiempo pasaba, Carlina lavaba ropa ajena para ganar un poco de dinero, así poder sustentar sus gastos y los de su pequeño hijo. Hasta los dos años todo había transcurrido de lo más normal, pero un día el pequeño Henry enfermó de gravedad y lo llevaron al hospital, en donde le comunicaron a su madre que al niño le estaba brotando la viruela. En aquellos tiempos no existían avances en la medicina, por lo tanto, cualquier enfermedad era de gravedad, por no haber los elementos esenciales para combatirla. Carlina era muy religiosa y devota de la virgen del Carmen, a quien encomendó su hijo, salvándose de milagro.

"Los hijos se fueron se han quedado solos, mirando la casa llena de recuerdos. No se escuchan risas, ya todo es silencio, se han quedado solos mis queridos viejos, se han quedado solos mis queridos viejos".

Henry Nelson

Huérfano de Padres

La vida seguía su rumbo y la calamidad llegaba a la vida del pequeño Henry, su madre Carlina enfermó. Al principio, no se sabía bien qué era lo que padecía, hasta que le pronosticaron un cáncer en estado terminal. La desesperación se apoderó de ella y no supo qué hacer, pensaba en su hijo, le atormentaba la idea de dejarlo desamparado y solo, ya que ni siquiera el niño contaba con su padre para brindarle los cuidados necesarios. Carlina pensó en recurrir a sus hermanos, ellos si podían ayudarlos, y se fue con su hijo a vivir con ellos. Unos meses antes, su hermana mayor había fallecido, ese fue un dolor muy grande que Carlina no podía superar, por lo tanto, cada vez estaba más triste, débil y muy enferma. La inevitable fatalidad otra vez hacía acto de presencia en la vida del pequeño Henry. Cuando apenas tenía tres años y medio, muere su madre Carlina López, el 9 de mayo de 1944 quien fue enterrada el 10 de mayo, justo el día de la madre. Henry a su corta edad no entendía lo que estaba pasando, y en su memoria quedaron solo vagos recuerdos de su madre. La vida de Henry empezaba su camino lleno de incertidumbres. Su padre Braulio Osorio falleció de un paro cardíaco, justo seis meses después de haber muerto su madre Carlina, en noviembre de 1944. Su vida estaba marcada por la tragedia, huérfano de madre y padre a tan temprana edad, el futuro de Henry Osorio López era tan incierto, que cualquier cosa podría sucederle. Los familiares de parte del padre del niño, algunos desaparecieron, y otros se fueron a vivir a Cali. Los abuelos de parte de madre ya habían fallecido mucho tiempo antes de que él naciera. Sus tíos por parte de madre se harían cargo del pequeño Henry.

"Madrecita, madrecita, tú que en el cielo te encuentras, dile a mi Dios que en la tierra, hay un ser que se lamenta. Dile que no tiene vida, él que por ti sufre tanto, que pronto estará contigo para terminar su llanto".

Henry Nelson

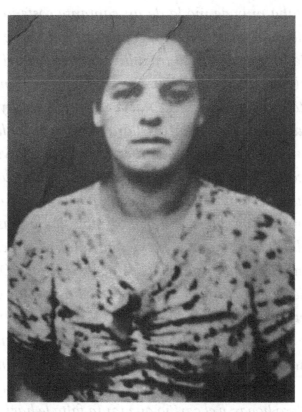

Carlina López, madre de Henry Nelson

Henry cobijado por sus Tíos Maternos

Cuatro de sus tíos vivían en la misma casa: Ana, Celia, Arturo y Fidel, a quien le gustaba mucho cantar y le enseñaba canciones a Henry para mitigar las penas por la muerte de su querida hermana. A Fidel le gustaba una canción que en ese tiempo estaba muy de moda de un cantante costeño llamado Buitraguito que conformaba un grupo con Julio Bovea, el cual después de la muerte de Buitraguito conformó el Trío "Bovea y sus Vallenatos". La canción precisamente se llamaba "El Huerfanito", el tío Fidel se la hacía cantar a Henry cuando se tomaba sus tragos mientras lloraba. Henry tenía cuatro años, cuando su tío le regalaba diez centavos cada vez que le cantaba, con eso se iba a la tienda a comprar caramelos. En ese tiempo, nunca entendió lo que pasaba por la mente de su tío. La vida continuaba con su ritmo inexorable, las lluvias nutrían de humedad la tierra en su Armenia natal, el sol calentaba dorando las tardecitas, y pintaba de rojo los cafetales. De pronto, el amor flechó a Arturo, el mayor de sus tíos, decide casarse y llevar a su sobrino Henry a vivir con ellos en su nuevo hogar. La mujer de Arturo se llamaba Celia. Henry ya tenía cinco años y estaba muy feliz cuando nació su primo Humberto, el bebé que iba a ser como su hermanito menor. Ahora ya tenía un verdadero hogar, y el cariño que tanta falta le hacía después de la muerte de su madre. Después nacieron sus primas Inés,

Marina, Mercedes y Ofelia, la familia seguía creciendo. A los seis años Henry hizo su primera travesura, se escapó de la casa, y se subió en un camión repartidor de jabones de la fábrica donde trabajaban sus tíos Arturo y Fidel. Henry fue en busca de la casa de su otro tío Octavio, y éste inmediatamente lo devolvió a la casa de Arturo donde vivió algunos meses más. Los tíos Octavio y Ana trabajaban en la Fábrica VIGIG de Velas de Parafina, que pertenecían al mismo dueño de la Fábrica de Jabón. La tía menor llamada Celia tenía 13 años de edad, quien se quedaba en la casa haciendo los quehaceres domésticos para ayudar a sus hermanos mientras ellos trabajaban. Otra vez, el destino juega con la estabilidad emocional en la vida del pequeño Henry, debido a que los parientes adultos decidieron que tiene que irse de la casa de Arturo para ir a vivir con sus tías Ana y Celia. Con siete años de edad, sus tías no lo podían dejar solo en la casa mientras ellas iban a trabajar a la fábrica de velas, así que optaron por llevarlo a trabajar también.

"Me llaman el huerfanito porque ando por las veredas. Yo no tengo padre, yo no tengo madre, no tengo dinero, mucho menos quién me quiera".

Su Primer Trabajo en la Fábrica de Velas

El trabajo era muy duro para un niño de su edad, pero él no le tenía miedo al trabajo, al contrario desde muy pequeño le gustaba trabajar, por esa actitud siempre pudo desempeñarse bien en la fábrica. Henry trabajaba desde las seis de la mañana hasta las cinco de la tarde como ayudante del tornero que hacía las velas. En muchas ocasiones, él tuvo que ayudar a hacer el trabajo de ayudante de dos torneros, pero lo realizaba con la alegría de vivir que lo caracterizaba. Los que conocieron a Henry de niño afirman que era un chico muy simpático, que su sentido del humor agradaba a la gente que lo conocía. Un señor llamado Víctor, quien era el Gerente del Teatro Bolívar, le regaló una armónica que aprendió a tocar solo. La música la traía en el alma, en la sangre, la heredó de los genes de su padre que fue músico por afición, ya que nunca lo hizo profesionalmente. Braulio que así se llamaba su padre tocaba la bandola, guitarra y la flauta, también le gustaba bailar y cantar. Componía canciones que se cantaban en su Colombia querida, sin que por eso haya sido remunerado, en esos tiempos no se pagaban derechos de autor. Henry se pasaba las horas cantando y escuchando en la radio las canciones de moda de ese tiempo que cantaban Alfonso Ortíz Tirado, Pedro Vargas,

Jorge Negrete y muchos otros. Su sueño era cantar, convertirse en un cantante famoso. De niño él pensaba: "Algún día voy a ser cantante", pero por su timidez en aquella época, no sabía si podría lograrlo. En ese tiempo, Armenia era una ciudad pequeña, pero para Henry era el lugar más hermoso del mundo. Henry siempre recuerda a sus amigos de la infancia, en especial a David Ramírez y a Jaime, sus grandes amigos de los primeros años de su vida, a quienes recuerda con el mayor de los cariños, y cuando ha podido visitar Armenia los busca para darse la alegría de verlos una vez más, y esto sucedió en octubre del 2019 cuando Henry Nelson se presentó en Concierto en Cali, Colombia.

El Dolor de Separarse de su Tío Fidel

Para Henry la inestabilidad era un estilo de vida, se sentía como una marioneta de cartón, de un lado para el otro. Ahora su tío Fidel decidió que el pequeño Henry iba a estar mejor si lo llevaba a vivir con la tía Lilia, quien se había casado recientemente, y vivía en el campo, lejos de Armenia, cerca de una ciudad llamada Salamina, Caldas. A Henry le afectó mucho separarse de su querido tío Fidel, quien lo cuidaba, lo llevaba a cortarse el cabello, y los sábados por la tarde tenían la costumbre de pasear, luego tomar café con leche que tanto le gustaba al pequeño Henry. Todos esos detalles estaban presentes en su memoria. Henry sentía a su tío como su familia completa, Fidel era quien más se acercaba a la imagen paterna que él tanto necesitaba para sentirse confiado. Tristemente llegó el día en que el niño viajaría a quedarse con su tía Lilia, quien sentía un dolor en el alma que no alcanzaba a comprender. Llegaron a Salamina un domingo por la tarde cuando ya oscureció. "Henry sintió también oscurecer su pequeño mundo al quedarse en ese lugar sin su tío Fidel, el niño no pudo evitar sentir el abandono al que siempre estuvo destinado en su tan corta edad". Cuando lo dejó en la casa de la tía Lilia, Henry sintió que su corazón se le salía del pecho, le inundó una tristeza inmensa cuando vio a su tío partir por el caminito que lo llevaba de regreso a la ciudad de Armenia, sentía como si su vida se acababa en ese momento, ya que de los afectos más cercanos, su tío se había convertido en el padre que nunca tuvo. El dolor fue tan grande que su alma tan pequeña y frágil no podía soportarlo, lloró hasta que las lágrimas lograron el milagro de limpiar esa pena, y se convirtiera en cansancio que hace que un niño se calme. Henry se quedó dormido hasta el siguiente día cuando empezaría su nueva vida que no la podía entender, y mucho menos cambiar, sólo tenía la opción de acostumbrarse. Y así fue, asombrosamente se recuperó para comenzar a trabajar en el campo bañando a los caballos, lo que disfrutaba mucho. También había un perro negro llamado Aviador, quien era su compañero para jugar y contarle sus sueños. El perro parecía entender la soledad del niño y siempre estaba junto a él, acompañándolo, convirtiéndose en su cómplice de sueños y aventuras de niño. Cuando encerraban a los terneros, se quedaba dormido en el pasto mirando en el cielo los dibujos que formaban las nubes. El perro como buen amigo fiel, se dormía al lado de Henry. En una de sus composiciones titulada "Mi Tierra Natal" Aviador aparece en una frase que dice: "Y me quedé dormido con mi perro viejo como fiel guardián". Henry también disfrutaba de ver en la granja a un gallo y una pata que siempre estaban juntos, y el gallo la picoteaba, lo que a la pata parecía que le gustaba, como si estuvieran enamorados. Henry recordó esa anécdota en 1973 y se le ocurrió componer la canción de "EL GALLO Y LA PATA", que es uno de sus más grandes éxitos hoy en día. El sol siguió pintando las tardes de color naranja y rojo. En la montaña brillaban los verdes campos, las lluvias que humedecen la tierra oscura y fértil de los cafetales en un lugar llamado "El Botón", campo adentro en Salamina, Caldas. La tía Lilia estaba cada vez más enferma, además había perdido a su pequeña hija recién nacida. Fidel visitaba a su sobrino de vez en cuando, cada vez que el trabajo se lo permitía. En aquellas visitas que su tío le hacía a Salamina, Henry era el niño más feliz. Todas las noches, y a la luz de la vela cantaban juntos todo tipo de canciones como los famosos pasillos ecuatorianos. Su tío Fidel fue quien le enseñó a cantar los primeros temas. Con el apoyo de su su tío, el pequeño Henry podía expresar su talento, quien le pedía que cantara para él, y le hacía la segunda voz. En la actualidad, Henry ha compuesto y grabado varios pasillos ecuatorianos tales como "Mi alma está gritando" "Fieras cadenas" y "El amor es un niño". El tiempo siguió su derrotero, Henry seguía en el campo sin imaginar cuál sería su futuro. La salud de Lilia se deterioraba a pasos agigantados hasta que falleció poco tiempo después. Al siguiente año Henry ya tenía 8 años, y el tío Fidel regresó con él para llevarlo a la ciudad a vivir con una señora mayor, quien era muy religiosa llamada Luisa Echeverri, tía de la mujer de Arturo López, el primer tío con quien Henry vivió antes. El tío Fidel vivía con sus dos hermanas Ana y Celia, y no lo podían tener con ellos, por carecer de los medios para cuidarlo.

"Y me quedé dormido con mi viejo perro guardián".

"El gallo aprendió a nadar y la pata a cacarear".
Henry Nelson

Momentos felices en casa
de Luisa Echeverri

Fue una de las épocas más felices que Henry vivió en casa de la señora Luisa, quien lo cobijó en su hogar, y lo quiso como si fuera su propio hijo, lo cuidó con mucho amor, además de darle una buena alimentación, siempre lo mantuvo muy limpio y propiamente vestido. Él se sentía como un príncipe, nunca había estado tan feliz. La señora Luisa Echeverri es una de las personas que están en los más lindos recuerdos de su infancia igual que su tío Fidel, con quien se fue a vivir más adelante. Luisa era una persona muy noble y generosa, le traía buena ropa que le regalaban dónde ella iba a trabajar. Los días que más le gustaban a Henry eran los domingos en que lo hacía levantar y vestir apropiado para ir a misa. El pequeño Henry disfrutaba cuando el sacristán tocaba el órgano y cantaba en la misa. Henry estaba feliz en casa de la señora Luisa. Lamentablemente, lo bueno le duró poco. La historia de Henry seguía cambiando, rodando de casa en casa. Ahora sus tíos decidieron llevarlo a vivir con el tío Octavio, quien se había quedado viudo, y ya tenía un hijo de dos años llamado Mario, quien también era como su hermanito menor lo mismo que Humberto. Mario se había quedado huérfano de madre hacía poco tiempo. La tía menor Celia, a la que le decían Chela, de

17 años, y Henry que tenía 9 años vivían con el tío Octavio, quien trabajaba en el Club América de Armenia. Algunas veces llevaban a Henry a trabajar como ayudante en el bar cuando hacían fiestas. Henry se divertía al escuchar las orquestas que tocaban en el club, se sentía cómodo en los sitios donde la música predominaba.

La Tragedia de su Tío Fidel

La vida de Henry estaba ligada a la fatalidad, una sombra de dolor lastima otra vez su pequeño corazón, al ser testigo de un doloroso drama que marcaría su vida para siempre. La historia de la tragedia empezó así: Su querido tío Fidel tenía una novia en el barrio de San Vicente de Paul, y estaba muy enamorado. Él trabajaba en la Fábrica de Jabones, junto a un compañero de nombre Julio Villamil, quien se veía a escondidas con la novia de Fidel. Al descubrir la traición, Fidel lo enfrenta en una discusión, y le da a Julio un martillazo en la espalda, por lo que al quedar lastimado, acordaron de verse al medio día siguiente para terminar con ese problema. A la mañana siguiente, en la velería, Henry se enteró por los comentarios que circulaban de que su tío Fidel y Julio se iban a encontrar en la puerta de la fábrica. Henry estuvo atento, con miedo de que le sucediera algo a su tío, se asomó a una ventana en el preciso instante en que los dos se trenzaron en una pelea, en inferioridad de condiciones, pues se sumó un señor mayor que le tapó la cara a Fidel con un trapo, y el otro tipo mientras tanto, le dio dos puñaladas, quedando su tío gravemente herido. Henry siendo testigo de lo que pasó, se tiró del balcón de cuatro metros de altura para ayudar a su tío Fidel que estaba desangrándose. El hombre que lo atacó huyó de inmediato. Testigos que presenciaron lo llevaron a la emergencia del hospital, pero

Fidel nunca se repuso de las heridas, por lo contrario, se le complicó con los pulmones. Henry lo iba a visitar todos los días al hospital, hasta que por su delicada situación de salud los médicos decidieron trasladarlo a Bogotá. Fidel murió un año y medio después en el Hospital San Juan de Dios, donde lo habían llevado desde Armenia. Henry no se podía reponer, y le costó mucho tiempo asimilar la muerte de su tío. La vida le seguía cobrando con la pérdida de sus afectos más cercanos. Mientras el niño, sin poder entenderlo, a tan corta edad ya había sufrido el dolor de perder a sus seres más queridos. La ilusión de cantar algún día, era lo único que le daba fuerzas para seguir adelante.

Su Primer Sueño de aprender
a Leer y Escribir

Mientras la vida pasaba sin detenerse, después de la muerte de su querido tío Fidel, Henry siguió trabajando en la fábrica de velas. Un día sus amigos de siempre David Ramírez y Jaime Obregón, camino a la escuela pasaban por la esquina de su casa en el Barrio de Marmato donde vivía. Henry jugaba al fútbol con ellos casi todos los días, pero no sabía que iban a la escuela. David estaba en segundo y Jaime en tercer grado. Henry ni siquiera sabía lo que era una escuela, y menos, que la gente podía leer o escribir. A él le parecía que sus amigos iban a hacer mandados como él lo hacía, cuando los veía pasar todos los días con sus maletines para ir a la escuela. Un día como a las cinco de la tarde los vio sentados en la acera de la calle leyendo unas revistas cómicas de Bugs Bunny, mientras leían se reían mucho, por lo que Henry les preguntó: ¿De qué se ríen?, ellos le contestaron que sabían leer, y que era muy cómico lo que leían del conejo. Entonces le explicaron de qué se trataban las historietas. Luego, Henry también empezó a reírse, pero como no sabía leer les preguntó: ¿Dónde puedo aprender a leer? sus amigos respondieron: "En la escuela", Henry les preguntó si podía ir con ellos para aprender a leer. Y le contestaron: ¡Por supuesto que sí! Quedaron en verse al siguiente día a las 7:30 AM. Henry esperó a sus amigos en la esquina, quienes lo llevaron hasta la escuela. David le dijo que se sentara al lado de su pupitre, quien cursaba el segundo grado. Cuando el profesor lo vio se sorprendió, le preguntó quién era y qué hacía en la escuela, Henry le respondió: ¡Soy Henry, y vengo para aprender a leer! Al maestro le pareció simpático, por lo tanto, habló con el director de la escuela para ver qué se podía hacer, ya que las clases habían comenzado cuatro meses antes. El director se acercó al aula y lo interrogó para saber su nombre completo, dónde, y con quién vivía. Al enterarse que era huérfano, querían saber si tenía algún tutor adulto que lo representara con quién pudiera hablar sobre él. Henry le respondió: "No tengo papá, ni mamá, sólo vivo con un tío que trabaja mucho, por eso no puede venir". El director se compadeció y le pareció loable. Habló con la maestra de primer grado, y como no había pupitre, lo sentaron en una mesita con una silla pequeña. Henry quedó encantado, y es así que empezó a concurrir a la escuela. Su maestra era la señorita Ofelia, quien tuvo un trato preferencial con él, enseñándole personalmente en forma individual a leer y escribir. Henry se sentía tan contento, que llegó a la casa de su tío y le comunicó la novedad, a lo cual su tío Octavio se mostró muy feliz también. Tenía tanto interés de aprender a leer, que a los veinte días, ya podía deletrear frases, y trataba de leer libros e historietas. La maestra de Henry tuvo que cambiar de grado, y en reemplazo vino un profesor llamado Santiago, quien también fue muy bueno con él, hasta terminar el primer grado. Después vino la pesadilla del segundo grado con el profesor Eufracio Henao. El primer año transcurrió mientras Henry estaba feliz, ya sabía leer y escribir. Al año siguiente también se matriculó solo como lo hizo antes. Henry cursaba el segundo grado en la escuela Olaya Herrera de Armenia. Aparte de ir a estudiar a la escuela Henry tenía otras obligaciones, cómo levantarse muy temprano para hacer los mandados de la casa antes de ir a la escuela. Su tío Octavio se había vuelto a casar, y su esposa esperaba otro hijo. En esos tiempos los maestros les pegaban a los alumnos, y había un dicho escolar que decía así: "La letra con sangre entra". Algunos maestros, eran algo violentos con los alumnos y los castigaban por cualquier motivo que el maestro consideraba inaceptable. Algo parecido le ocurrió a Henry, porque casi nunca podía llegar puntual a la escuela, a menos que se levantara más temprano, pero él no se podía despertar antes de las 6:00 AM, cuando lo despertaba la campana de la iglesia, que quedaba a cuatro cuadras de su casa, y visualizaba el reloj desde la ventana de su habitación. Cuando llegaba tarde a la escuela el maestro Eufracio Henao, le pegaba en la oreja con una varita de cafeto. Él tenía mucho miedo, por lo cual dejaba de ir a la escuela cada vez que se le hacía tarde, así fue que faltó a muchas clases. En aquel tiempo no echaban a los alumnos de la escuela por las faltas en la asistencia. Henry tenía a Diego Cifuentes, quien estaba en el mismo grado y tocaba la guitarra, por lo que sentía una gran afinidad con él. Cada vez que faltaba a la escuela, por la tarde, Henry se iba a la casa de su amigo, le pedía las tareas para hacerlas y ponerse al día. Después de terminar de estudiar se iban a jugar a la pelota, pero la mayoría de las veces, el amigo no iba porque se quería quedar tocando la guitarra. Cuando llegó fin de año, el profesor le dijo a Henry que era indispensable que fuera un familiar a la escuela, para que sea parte de la audiencia del examen oral final. El tío Octavio hizo acto de presencia, y al primero que el maestro eligió para salir al pizarrón fue a Henry. Después que él terminó de exponer, el profesor comentó delante de todos que Henry había tendido muchas faltas en el año escolar, y aunque su desenvolvimiento en el examen final estuvo muy bien, no le podía dar la mejor calificación, porque durante el año lectivo Henry ni cuadernos tenía, todas las tareas las presentaba en hojas sueltas que le regalaba su amigo Diego. Octavio se quedó sorprendido y muy contento a la vez de comprobar que su sobrino a pesar de todos los inconvenientes debido a sus carencias, él tenía ganas de estudiar y aprender.

Sus Comienzos en el Canto
en Tercer Grado

Cuando regresó a inscribirse al tercer grado, no lo recibieron en la misma escuela por haber cometido muchas faltas injustificadas. Henry buscó opciones, hasta que se matriculó en otra escuela llamada Camilo Torres, que quedaba a tres kilómetros de su casa. Norveli Torres, fue su profesor en su nueva escuela, de quien guarda muy buenos recuerdos por ser quien apoyó su talento para el canto. En esa escuela, todos los viernes por la tarde, a última hora de clase realizaban la hora cultural, Henry era motivado por sus amigos que lo empujaban a cantar, y cada viernes preparaba una nueva canción para cantarla. Lo aplaudían mucho, y él se sentía muy contento. El profesor Torres, al ver tanto talento y aceptación de parte de sus compañeros, decidió recomendarlo para que cante en otras escuelas. Después, cada sábado a las once de la mañana cantaba en otras escuelas en Armenia. En una de esas actuaciones, después de cantar se acercaron a Henry cuatro chicos diciendo que eran sus sobrinos, y que la mamá de ellos Marina Osorio era hermana de Henry por parte de padre. Ellos ya habían hablado con su mamá, le contaron que un niño que se llama Henry cantó en su escuela, por lo que ella les confirmó a sus hijos que Henry era su hermano que no conocía. Al principio

Henry pensaba que se trataba de un chiste que le causó gracia, no creía que fuera verdad, pero debido a la insistencia de sus sobrinos les creyó, y ese mismo día, le dijeron que vaya a casa a visitarlos. Al otro día, después de misa, Henry se fue a conocer a su hermana, quien lo recibió con mucho cariño. Henry y sus sobrinos estuvieron muy contentos jugando hasta las seis de la tarde. De ahí en adelante, él los visitaba todos los domingos. Un tiempo después se mudaron a cuatro cuadras de la casa donde Henry vivía con su tío Octavio, entonces se veía con sus sobrinos más seguido, por lo tanto, la relación era fraternal y jugaban al fútbol. El sobrino mayor se llamaba Nestor Cifuentes Osorio, era muy estudioso, con el paso del tiempo se recibió de Abogado. El mismo día de la graduación se fue a la isla de San Andrés, alquiló una moto, con la que se accidentó y murió instantáneamente. Cuando Henry se enteró de la mala noticia, le dolió mucho sentir cómo el destino cegaba de un zarpazo las ilusiones de su hermana y su familia. Su hermana Marina, aún hoy en día, recuerda con tristeza haber visto truncada la vida de su hijo, tan llena de ilusiones y en la plenitud de sus días. El cuarto grado transcurrió de lo más normal para Henry. Pero en quinto grado volvió a la escuela Olaya Herrera, donde había aprobado el primero y segundo grado. Con todas las adversidades y las carencias que él siempre tuvo siguió estudiando todo el ciclo primario. Cuando Henry terminó la primaria, le manifestó a su tío Octavio que quería seguir estudiando, pero su tío le contestó que no podría solventar los gastos que demandaría apoyar sus estudios secundarios. Le dijo que lo que Henry le pedía era imposible, puesto que él no podía ayudarlo, al contrario, le sugirió que se pusiera a trabajar para que pudiera mantenerse por sus propios medios. Pasó el tiempo, Henry Osorio ya cumplía catorce años. Su ciudad Armenia crecía por ser el eje cafetero de Colombia, soporte esencial para la economía del país. Su inquietud de muchacho joven, en una edad donde todo es incierto, daba vueltas y más vueltas pensando que iba a hacer ahora, ya que su tío tampoco lo podía ayudar, pero al menos, ya había cumplido un propósito, el de terminar la escuela primaria.

Su Trabajo en una Farmacia

Los años de estudio en la escuela habían dejado en Henry muchas enseñanzas y conocimientos básicos, ahora solo tendría que trabajar como su tío Octavio le sugirió. El primer trabajo que consiguió fue en la farmacia "Mundial" de Armenia, la condición era que debía saber andar en bicicleta, pero Henry nunca se había subido a una. Tanto necesitaba conseguir ese trabajo, que Henry en un fin de semana, después de algunas caídas y muchos golpes se pudo subir a la bicicleta, pero lejos de saber manejarla, por lo tanto, tuvo que alquilar una para seguir aprendiendo, se fue pedaleando hasta la Fábrica de Jabones donde antes trabajaba, la bicicleta se desbandó en una pendiente porque no tenía frenos, al final de la pendiente iba más rápido, al llegar a la curva la bicicleta derrapó y Henry se cayó a un río, justo en el preciso instante en que un camión pasaba, salvando su vida de milagro, solo tuvo unos raspones. Pasaron dos semanas y volvió a la farmacia para ver si todavía el trabajo estaba disponible, se lo dieron, con la condición de que consiguiera la bicicleta para hacer repartos a domicilio. La farmacia tenía una, pero exclusiva para la venta. Henry, hizo un acuerdo para pagar la bicicleta con el primer mes de sueldo, que eran treinta pesos. Estaba muy contento por tener trabajo y bicicleta al mismo tiempo. Pasó el mes, los dueños de la farmacia lo despidieron del trabajo sin ninguna justificación, además se quedaron con su bicicleta, que ya había pagado en un mes de trabajo. Con mucha tristeza llegó a la casa, le contó a su tío, pero la cosa quedó como estaba, pensó mañana sería un nuevo día. Empezó a buscar otro trabajo, que en esa época era muy difícil, hasta que lo consiguió en un bar y restaurante en la Plaza de Bolívar. Trabajaba desde las 6:00 AM hasta las 11:30 PM. Le pagaban quince pesos al mes, lo único que le permitían era tomar café con leche. Trabajó quince días en ese lugar, y renunció porque no era lo que él necesitaba para cubrir sus gastos. En la casa de su tío ya no podía seguir viviendo, las condiciones no eran favorables para él, y se le hacía difícil sobrevivir sin un buen trabajo. Unos días después, encontró un nuevo trabajo en una tienda, en donde vendían comestibles para distribuirlos a domicilio, le ofrecieron los mismos quince pesos que ganaba antes, pero le daban la comida diaria. Henry en esta ocasión, se sintió más cómodo con su nuevo trabajo, pero al final resultó que solo era un trabajo temporal. Al enterarse su tío Octavio de que Henry se quedó sin trabajo otra vez, su tío le dijo que tenía que irse de su casa, porque él no podía mantenerlo. Henry en vez de ponerse triste, se puso contento, porque siempre quiso irse para tomar las riendas de su vida y convertir en realidad su sueño de ser cantante. El libro de su vida empezaba una nueva etapa, con un nuevo rumbo desconocido lejos de su Armenia natal, y eso para él, era como un reto para probarse a sí mismo de lo que era capaz de lograr por sí solo.

Buscador de Vida a los Quince Años

Al salir de la casa de su tío Octavio, fue a buscar a su tía Ana, quien trabajaba todavía en la Velería, para pedirle que le diera un peso con veinte centavos que era lo que costaba un pasaje para ir a buscar a su otra tía Chela, que ya se había casado y vivía con su marido en una ciudad llamada Tuluá en el Valle del Cauca, ubicada entre las ciudades de Armenia y Cali. Lo único que Henry sabía, era que Chela vivía en esa ciudad, pero nadie tenía la dirección. Al día siguiente, partió sin miedo en su búsqueda, con lo del pasaje en su bolsillo y un mundo de ilusiones en su corazón. El tren salió a las ocho de la mañana, Henry pensó en todo el camino si sería posible poder encontrar a su tía. Con la angustia propia de un adolescente observaba el paisaje, y se consolaba al ver cómo la naturaleza vestía el horizonte de todos los colores, con árboles de flores rojas, blancas y amarillas, también los ríos que bajaban de las montañas con sus aguas cristalinas. Cuando el sol empezaba a calentar se escuchaba el canto de las chicharras en el monte. A las dos de la tarde, el tren llegó a Tuluá, donde un nuevo desafío le esperaba, "encontrar a su tía". Lo único que sabía, era que el marido de su tía manejaba un camión que transportaba madera. Lo primero que hizo fue preguntarle a unos choferes de camiones que estaban estacionados en el mercado, si conocían al señor Héctor Galeano, tanta fue la suerte que un tipo conocía al padre de él, y le dio una dirección, pero no era precisa. Henry se sentía ilusionado pensando que encontraría a su tía Chela. Por fin, como a las cuatro y media de la tarde, después de caminar un largo rato, con un hambre feroz, y mucha sed. De pronto encontró al padre de Héctor, quien lo ubicó en la dirección correcta donde vivía su hijo y Chela. Ya confiado en que la encontraría, iba cantando por el camino. "Cuando Henry tenía algún problema, cantaba para alegrarse y olvidar los inconvenientes". "La música siempre fue y sigue siendo el alimento para su alma". La tarde caía, el sol con su resplandor pintaba el cuadro más hermoso sobre el poniente con su Arcoíris, pintura de Dios que ningún pintor podría igualar. El sol listo para ocultarse, detrás de las montañas ponía su toque de color en una eterna primavera en Tuluá. Al irse acercando a la dirección que le habían dado, vio a su tía Chela que estaba en la puerta conversando con una señora, quien le entregaba en ese momento unas revistas. Después, supo que era una novela llamada la Madrecita, que compraba por capítulos, y que leía siempre los martes y jueves. Henry sería después el encargado de ir a buscarlas. Cuando vio a su tía, un inmenso gozo lo embargó, ella no lo había visto y entró a su casa cerrando la puerta. Henry tocó, ella salió pero no lo reconoció enseguida, había pasado mucho tiempo que no lo veía, desde que Henry era un niño, y ya se había convertido en todo un adolescente. El no supo qué decir de la alegría, las ganas de llorar lo invadió, entonces su tía Chela lo reconoció y lo estrechó en sus brazos, en ese momento ella pensó que solo venía a visitar, pero después de que le contara todo lo que le pasaba, ella le ofreció su casa para que se quede a vivir con ellos. Chela ya tenía tres hijos: Amparo, Estela y Héctor, todos ellos muy pequeños. La vida al lado de su tía, no era tan buena como Henry esperaba que iba a ser. Héctor, el marido de Chela, se iba con su camión y no venía por quince o veinte días. Cuando se terminaban los víveres que habían en casa, ya no tenían qué comer. Henry viendo las carencias de su tía, decidió buscar trabajo para ayudarla y poder llevar sustento a la casa. Primero fue a la estación de trenes a cargar maletas (valijas) y después, lavaba carros (autos) con lo que podía conseguir unos pesos. En Tuluá, Henry consiguió un trabajo en una farmacia, cuando en una tarde que tenía que hacer la entrega de un pedido de medicinas, resulta que en la esquina estaba nada más y nada menos que el cantante OLIMPO CARDENAS, quien en ese tiempo era su ídolo, fue tanta la sorpresa que se quedó observando por un buen rato, lo que le ocasionó un problema con el dueño de la farmacia por no haber entregado su pedido a tiempo, por consiguiente, lo despidieron sin contemplación. Su pasión musical era cada vez más intensa, y se preguntaba todo el tiempo: ¿Cómo podría hacer para encontrar la manera de cantar en público? Después de haberlo pensado mucho, decidió que tenía que arriesgarse en buscar su anhelado destino de ser cantante. Ahorró unos pocos pesos, para irse en tren hasta Medellín, ya no podía quedarse en Tuluá. Abandonó la casa de su tía Chela, pero justo cuando iba camino a tomar el autobús le robaron el dinero que ahorró, y otra vez se regresó para volver ahorrar para el pasaje, al cabo de unos cuantos días, ya tenía unos cuantos pesos, y se fue a la estación a comprar un pasaje para Medellín. El dinero ahorrado no le alcanzaba para el pasaje completo, por lo tanto, compró hasta donde el valor le daba, ya no podía quedarse más con la tía Chela. Tomó la decisión de irse definitivamente a cualquier parte, a jugarse *su suerte. Así fue, que llegó a un lugar en Antioquia llamado Bolombolo, un caserío casi pueblo donde sólo había una calle por donde pasaban los buses a Medellín, y otras ciudades, sin omitir las vías del tren.*

La Calle y el Cielo, Morada
y Techo de Henry

Henry se encontraba sin dinero, sin tener los medios para comer, y en un lugar casi inhóspito. Se hizo la noche, el estómago le dolía de hambre, ahí no había nada que hacer para conseguir comida. Por la misma calle, abajo encontró una camioneta abandonada y pensó que ese sería un buen lugar para dormir. Consiguió unos cartones, los colocó donde estaban antes los vidrios y se acostó en los sillones desvencijados, a pensar en su suerte, se quedó dormido en la oscuridad de la noche, con una soledad inminente, la única compañía era el rumor del río Cauca que pasaba cerca de ahí. Pasó la noche en ese lugar, a la intemperie, y con la suerte echada al viento. La luz del sol le anunció que había amanecido un nuevo día. Se levantó muy asustado y se preguntó: ¿Qué voy hacer? Aunque el sol alumbraba, la mañana estaba muy fría, el rocío calaba los huesos, pensaba y no encontraba la manera de resolver su situación, cerraba sus ojos e imaginaba a su mamá, le pedía que lo cuide desde el cielo y lo ayude a encontrar el camino. De pronto, Dios lo iluminó, porque siempre fue muy creyente, se hizo el milagro, apareció un muchacho con una caja de lustrar zapatos. Se dio cuenta que los buses venían y paraban ahí. Observó cómo el chico trabajaba lustrando zapatos, y se le ocurrió proponerle un trato al chico. Cuando tuvo la oportunidad, se acercó para hablar con él, y le preguntó hasta qué hora trabajaba, y el muchacho le dijo que paraba un rato para ir a almorzar, y después como a las cinco de la tarde se iba para su casa. A lo que Henry le propuso que, en los ratos que él no pudiera estar, él lustraba, y a cambio le daría la mitad de lo que ganase. Al muchacho le gustó la idea, y al medio día, después de ver cómo el chico lustraba, aprendió más o menos y se puso a trabajar. Cuando volvió de almorzar el muchacho, Henry ya había lustrado cuatro pares de zapatos, con lo cual pudo comer algo, eso le gustó, y se propuso conseguir su propia caja de lustrar. Así, al correr de los días, seguía durmiendo en la camioneta abandonada, se bañaba y lavaba su ropa en el río, continuaba trabajando para comer y ahorrar para poder comprar su propia caja para lustrar. Gastaba lo menos posible, hasta que encontró un carpintero que se la hizo. Ahora le faltaba conseguir los cepillos, los betunes, y además los trapos. Al cabo de un mes, ya tenía todo completo, por lo tanto, empezó a trabajar por su cuenta. Había trabajo para los dos, y competían para ver quién terminaba primero. Vivió en ese lugar seis meses hasta que llegó un circo a ese poblado.

La Aventura de Henry en el Circo

Llegó un circo a ese pueblo, que se componía de tres chicas que hacen contorsiones, la mayor, además era trapecista. También dos payasos, cuyos nombres para el circo eran "Remolacha" de 15 años, y "Gasparín", de 13 años, simpatizaron mucho con Henry, y le propusieron que se uniera al circo. Henry vio la oportunidad de trabajar y tener un techo donde cobijarse por lo que él aceptó. Las chicas y el payaso menor que se llamaba Gasparín, eran hijos del dueño. El circo levantó su campamento, cargaron todo en un camión, y se fueron a un pueblo de Antioquia llamado Támesis. Todos ayudaban a armar y desarmar el circo donde quiera que fueran. Les tomaba día y medio armar el trapecio, que era muy alto, el redondel de la carpa, y además de las tiendas donde dormían. Los primeros días pasaron normal, pero después, la dura realidad era que a Henry lo habían integrado solo para trabajar, y el circo carecía de víveres para comer. Por suerte, él tenía su caja de lustrar zapatos, con eso se defendía los sábados y domingos cuando venía la gente al pueblo, aquellos que trabajaban en el campo. Los otros días quedaba solamente la gente que vivía ahí. Henry estuvo varios meses que le parecieron años recorriendo

Antioquia hasta llegar a Envigado cuando decidió dejar el circo, y ahí se despidió de sus amigos que lloraban su partida por ser Henry quien compraba comida, y la compartía con los dos payasos.

La llegada de Henry a Medellín
"La primera gran ciudad"

Henry llega a Medellín un domingo por la tarde. Lo que hacía para sobrevivir en esa gran ciudad era lustrar zapatos. Nunca antes había estado en una ciudad tan grande como esa, las luces de la ciudad lo impresionaban notablemente. Después de un par de días consiguió un lugar donde quedarse, ahí se pagaba diariamente para poder dormir. En ese lugar conoció a dos muchachos que habitaban igual que él, eran mayores de edad, Amadeo de 20 y Gustavo de 24 años de edad. Todas las noches se reunían a cantar en la habitación que alquilaban todos juntos. Esos amigos fueron los primeros fanáticos que tuvo Henry. En esos tiempos cantaba música mexicana y de rockola. Después se mudó del lugar porque era un barrio muy peligroso. Se fue a vivir a un hotel en la Plaza Cisneros. A Henry le parecía mejor, pero también tenía su sector donde no había seguridad. El hotel estaba ubicado frente a la plaza, Henry no tenía para pagar una habitación normal, por lo que vivía en la terraza en una pieza que cuando llovía, llovía más adentro que afuera, ahí también se reunían a cantar todas las noches con sus amigos, pero con menos frecuencia.

Su Primera Presentación en la Radio
"Una cómica experiencia"

Henry y sus amigos seguían viéndose todos los días, unas veces iban al cine y otras se juntaban para cantar en su pieza. Su amigo Gustavo inscribe a Henry en un programa de radio aficionados en la Voz de Medellín, para que debutara como cantante. La presentación era a las 8:00 PM, pero justo cuando ya le tocaba salir a cantar, no le permitieron, porque el reglamento era que tenía que usar traje, al menos el saco. Un muchacho que estaba por ahí, mucho más grande que Henry, le prestó su saco para que saliera a cantar, ya se imaginarán cómo la gente del auditorio al verlo salir a escenario, se morían de la risa por lo grande que le quedaba dicho saco, pero tantas eran las ganas que tenía de mostrar su talento, que a Henry no le importó nada y cantó con la alegría que lo caracteriza. El público quedó encantado con su presentación, Henry muy feliz de haber ganado el concurso, y por los aplausos de la gente que asistió. Los organizadores de la radio lo premiaron por su "Talentosa Voz". Después del éxito en su presentación Henry se fue a su hotel. Como a las cuatro y media de la tarde, llegó su amigo Gustavo corriendo quien le dijo: "Henry, ven que aquí abajo está ensayando un trío que toca música como Los Panchos". Henry y su amigo Gustavo se acercaron a tocar la puerta de donde salían los sonidos de las guitarras, y apareció un músico con la guitarra que era parte del trío, quienes estaban ensayando. Gustavo le preguntó a él, si serían tan amables de acompañar a Henry con su guitarra en una canción. Los músicos respondieron que lo harían con gusto, así fue que Henry cantó "Rayito de Luna", lo que impresionó a los guitarristas, por este motivo, les dijeron que iban a conversar para ver qué podían hacer juntos. Henry se despidió muy contento, les agradeció la atención, y se marchó a su habitación. Pasaron 15 minutos cuando llamó a su puerta Lácides Camargo quien tocaba el requinto en el trío, le preguntó si tiene algún familiar con quien hablar para trabajar, puesto que él era menor de edad. Henry le dijo que hablara con él directamente, porque no tiene a nadie. Lácides le propuso integrar el trío, Henry aceptó cantar con ellos. Le pidieron ensayar algunas canciones, y lo hicieron toda la tarde. Después lo invitaron a que fuera a la noche a una presentación, para que viera más o menos cómo era el trabajo. Henry se sentía tan feliz de poder cantar. Salió con el trío, era muy tarde en la noche, casi las 11:00 PM, como Henry era menor de edad no lo dejaron entrar. Mientras el trío hacía su trabajo de cantar las canciones en ese lugar, Henry se quedó afuera del centro nocturno esperando a que salieran los músicos que conformaban el trío. De pronto, llegó la policía para verificar que los asistentes eran mayores de edad, como Henry no tenía documentos, y andaba a deshoras por ahí, se lo llevaron detenido, sin que los del trío pudieran hacer nada. Estuvo en una comisaría toda la noche hasta las diez de la mañana, a esa hora lo enviaron a un Reformatorio donde había toda clase de delincuentes. Henry pidió por favor ver al director del lugar. Debido a tanta insistencia, al fin lo atendió, Henry le explicó que él no era ningún delincuente como para estar ahí, a todo esto ya eran las cuatro de la tarde, y tenía un hambre feroz. El director le preguntó a qué se dedicaba, él le respondió que desde la noche anterior era cantante, la respuesta le causó gracia y lo dejó libre, pues no tenía porqué seguir detenido ya que no había hecho nada malo. Cuando salió, fue en busca de los dos integrantes del trío, pues ni siquiera sabía bien sus nombres. Henry los encontró en el hotel, ellos le pidieron disculpas por el incidente que no se imaginaron por lo que él iba a pasar, igual los planes seguían para que Henry se convierta en la primera voz del trío.

Su Debut como la Primera Voz del trío "Los Trovadores del Alba"

Esa misma noche a Henry le dieron un traje blanco con corbatín rojo y zapatos blancos, por fin debutó como cantante. En un solo día su sueño se hizo realidad, exactamente como lo recuerda. Siguieron ensayando todos los días, el trío gustaba cada vez más cuando cantaban, que hasta les propusieron grabar un disco simple, en esos tiempos se usaban los discos de pasta. Grabaron dos canciones una de ellas de Lácides Camargo, el requintista, titulada "Rosita Linda". Les pagaron 300 pesos por la grabación. Ya tenían un mes trabajando juntos con el trío. La repartición no fue equitativa por lo tanto, esto le pareció muy injusto a Henry, entonces decidió no integrar más el trío Los Trovadores del Alba. Se despidió para dar inicio a otra etapa en su vida, y por no tener suficiente dinero como para llegar directo a Bogotá, se quedó en Cartago muy cerca de Pereira. Henry otra vez pasando necesidades, solo contaba con algo de dinero para comprar un pedazo de panela que le calmó un poco el hambre, se fue caminando hasta llegar a Pereira. Pasaron ocho horas interminables, desde las 10 AM hasta las 6 PM, Henry caminó sin descanso hasta llegar a su destino, la hermosa ciudad de Pereira, Colombia. Esa noche durmió en el banco de la estación de trenes. Al otro día fue a buscar trabajo, pero no consiguió nada, estuvo tres días sin comer hasta que el cuarto día consiguió trabajo en una carpintería, en ese lugar le ofrecieron hospedaje y comida. Henry dormía en el lugar donde trabajaba, sobre la viruta en el suelo. Le pagaban 10 pesos por semana como ayudante de pintor, ese era su trabajo de lunes a viernes. Pasó un año en el que trabajaba de ayudante de pintura, donde aprendió el oficio de pintar con soplete. La pintura cuando espolvorea la madera, deja una nube y se va metiendo en los pulmones, lo mismo que el polvo de la lija cuando rascaba la masilla, la voz se fue poniendo enronquecida, y no podía cantar con la misma claridad de antes, lo cual lo llenó de angustia porque lo que más ansiaba en la vida era cantar, y casi pierde la voz. A Henry le preocupaba lo que podría suceder con su sueño de cantar. La música era su gran amor, en todo momento escuchaba la radio, y cantaba su desventura en la penumbra de sus noches en soledad. La filosofía de vida de Henry es creer que todas las cosas tienen su lado bueno y su lado malo, por lo que él siempre opta por quedarse en lo positivo de la vida. Practicaba para ejercitar la voz, y poco a poco con el tiempo fue apareciendo lentamente. Le costaba esfuerzo, pero él mantenía su fe en Dios, y en el recuerdo de su madre que lo acompañaba siempre. Tenía en su pensamiento, que ella desde el cielo cuidaba de él. Un domingo al medio día escuchó por la radio que "Los Trovadores del Alba" se presentaban en un lugar que se llamaba Matecaña, en Pereira. Su actuación era a las cuatro de la tarde, Henry decidió ir a ver a los del trío, aprendió de sus vivencias que era mejor cantar, aunque le pagaran menos que trabajar en la carpintería. Por un impulso divino fue allá esa tarde, llegó al lugar, preguntó dónde podía encontrar a los del trío, le dijeron que estaban en el camerino. Fue en su búsqueda, cuando los vio se llevó una sorpresa, ¡ya no estaba el guitarrista Lácides Camargo!, a quien quería ver, pero se encontró con José Reyes Cruz, quien tocaba y armonizaba muy bien, a quien había conocido en Medellín. Cuando José vio a Henry le comentó a su compañero Alfredo Osorio, quien por coincidencia tenía el mismo apellido que el de Henry, pero no eran familiares. José propuso integrar a Henry con el trío, Alfredo dijo que no podía hacer eso, puesto que el trío ya estaba constituido así, con un músico de los viejos Trovadores del Alba y los dos integrantes nuevos. Con ellos venía una chica que bailaba muy bien, a quien le habían puesto el nombre de Magdalena, la Rumbera de Fuego, Henry la había conocido en Medellín cuando trabajó con el trío. La cosa no pasó de ahí. Henry se fue, pero les dejó la dirección donde trabajaba para verse de nuevo algún día para tomar un café. Pasaron ocho días desde ese encuentro, hasta que una mañana lo fueron a buscar a la carpintería y le propusieron integrarse al trío. Henry no cabía en sí de la alegría y aceptó volver.

Henry con el trío "Los Magos"

Las cosas se iban encaminando en el rumbo que Henry anhelaba. El dueño de la carpintería Guillermo Valencia, cuando recibió la noticia que Henry no trabajaría más con él, se puso muy triste inclusive su esposa Yolanda Valencia y sus hijos Guillermo León, Nelson, Marian, Jenny, Franklin y Luz Colombia, porque se habían encariñado con él, lo querían como de la familia. Henry los recuerda con mucho cariño, y siempre los lleva en su corazón. A la semana siguiente empezaron los ensayos con el nuevo trío al que bautizaron "Los Magos". El tiempo transcurría entre los ensayos, que se convertía en un bálsamo a todas sus penurias. Su sueño de cantar se convertía en realidad, ya era cantante, aunque la voz no se había recuperado como antes, y también porque le estaba cambiando el registro vocal. Henry se podía desenvolver bien con la primera voz cantando con el trío. En Pereira, hicieron varios programas de radio en "La Voz del Café", con lo cual despertaron la admiración de los músicos locales. El ensayo y la pericia de los guitarristas hacían lo suyo. El trío sonaba diferente a todos los tríos de la época. José tenía muy buena digitación a pesar de ser tan joven, con tan solo 17 años. Alfredo acompañaba muy bien en la guitarra, cantaban todo tipo de canciones desde la música mexicana hasta los boleros de moda, y las canciones folclóricas de América del sur. En Pereira ya no había mucho por hacer, decidieron buscar otros horizontes. Como Alfredo tenía dos guitarras vendió una para comprar los pasajes e irse a una ciudad donde hacían unas ferias, la ciudad se llamaba Sevilla, en el Valle del Cauca. Llegaron al lugar y empezaron a buscar trabajo. Alfredo era el mayor, quien tenía más experiencia y conseguía los shows. En ese tiempo habían llegado para trabajar en la ciudad, tres de los cantantes de moda en Colombia, Alberto Granados, Lucho Ramírez y Conrado Cortez. Consiguieron trabajo para acompañar a Lucho Ramírez y Conrado Cortez. Pasaron ocho días, y como cantaban música mexicana en sus presentaciones, se les acercó el representante de un cantante llamado Pepe Infante que cantaba la misma música, les propuso que lo acompañara. Aceptaron y viajaron a la ciudad de Cali, desde donde hicieron una gira por el Valle del Cauca. Cuando ya no tenían más trabajo con Pepe Infante, Alfredo propuso que se fueran a una ciudad donde había otra feria para trabajar, ya que mucha gente asistía a ese lugar y los bares se llenaban de bohemios que les gustaba la música. Esa era una gran oportunidad para el trío, pero José no quiso ir, para quedarse con Pepe Infante. Se fueron los dos, Henry y Alfredo con la intención de buscar a otro integrante para que tocara el requinto, pero al final solo hicieron un dúo, Henry cantaba y Alfredo tocaba la guitarra, trabajaron cuatro días y ganaron mucho dinero. Luego de unos días, apareció José buscándolos de nuevo para volver a tocar con el trío. Cuando terminó la feria volvieron a Cali, el representante que era de la ciudad de Ibagué, Tolima, les propuso seguir hasta esa ciudad y se fueron con él, pero Pepe Infante ya no estaba más. La camioneta en la que viajaban a Ibagué tenía un agujero en la parte de atrás, por donde entraba todo el monóxido de carbono del caño de escape, justo en el asiento de Henry. Atravesando la línea, en el lugar más alto del trayecto Cali - Bogotá, Henry se desmayó, por lo que tuvieron que llevarlo al hospital más cercano debido a que aspiró muchos gases tóxicos. Después de tratarlo con medicamentos se pudo recuperar del percance. El representante de Cali, los llevó a vivir a un galpón, Henry y sus compañeros estuvieron casi dos semanas en ese lugar, con muy pocos medios para comprar comida. Tanta era el hambre que Henry tenía, que un día salió a buscar comida al Cuartel de Bomberos. Al no conseguir nada de comer, triste y preocupado, siguió caminando por las calles, cuando de repente escuchó que lo llamaban por su nombre, era su maestro de tercer grado que lo había reconocido, a pesar de haber pasado varios años sin verlo. Ese feliz encuentro con su maestro Norveli Torres, aún perdura en su memoria, pues ese profesor era del que más gratos recuerdos tenía, sobre todo de los partidos de fútbol en el patio de la escuela después de las clases, y cuando lo llevaba en su bicicleta a su casa. El maestro lo invitó a comer y se quedaron mucho rato conversando. Henry le contó lo difícil que la estaba pasando junto con sus amigos del trío, por lo que el maestro les compró comida para que Henry les llevara a sus amigos. Se despidieron y quedaron en volverse a ver cuando la situación de Henry cambie, y pueda invitarlo a una de sus presentaciones. Por esos días, había en las afueras de Ibagué un lugar al que nadie asistía llamado "Los Tres Amigos" y el dueño al que le decían como sobrenombre "Talego", les propuso que trabajaran en el local y compartieran las ganancias. Además, les ofreció un lugar para dormir, y contrató a una señora para que les hiciera la comida. Muy contentos se dieron a la tarea de convocar a la gente. Tocaban todos los días, ellos cantaban y la rumbera Magdalena bailaba. De jueves a domingo se llenaba el lugar de gente para ver y escuchar al trío y a la rumbera. El bar

"Los Tres Amigos" empezó a funcionar muy bien, se llenaba los jueves, viernes y sábado. José, era el más complicado del trío, siempre tenía algún inconveniente, un día se le ocurrió decir que no quería cantar más por las noches, lo que hacía era acostarse a dormir. Henry y Alfredo decidieron seguir trabajando como un dúo, incluyendo a Magdalena, la bailarina, pero ya no era el trío. La gente poco a poco dejó de asistir y se fue cayendo el negocio. Alfredo resolvió viajar a Bogotá para conseguir artistas en los fines de semana, contrató a una cantante Mexicana llamada Hilda Márquez, que cantaba con el trío Los Trisómicos, con Gentil Montaña, quien tocaba la guitarra como los dioses, actualmente él es concertista. El representante de Hilda era su marido, de nacionalidad Brasileña, le propuso a Alfredo acompañar a la cantante con el trío Los Magos para hacer una gira por Sudamérica. Alfredo y Henry, estaban felices con esta gran oportunidad de trabajar en gira, fue cuando por fin José reaccionó, al enterarse del proyecto decidió volver con el trío. Ahora, lo más difícil era conseguir los documentos para poder viajar. Henry se sentía tan feliz que se le iba a cumplir el sueño de llegar a la capital. Quince días después viajaron con el trío a la gran ciudad de Bogotá.

Henry con los Tres Huastecos en Bogotá

En la ciudad de Bogotá, Colombia empezaron los ensayos, Darcy Cabral que así se llamaba el marido de Hilda, les dijo que debía cambiarle el nombre al trío, que se iban a llamar "Los Tres Huastecos" les pareció bien, y empezaron el periplo Hilda Márquez. Arreglaron que de los trabajos que aparecieran, ellos se llevarían el 67%, y el trío el 33%. Aceptaron ese desproporcionado arreglo para empezar a trabajar. En Bogotá trabajaban bien en la televisión y en los lugares de moda de la noche Bogotana. Los proyectos de Darcy eran salir de Colombia con el trío para otros países de Sudamérica, pero ellos no habían cumplido con el servicio militar obligatorio, tuvieron que presentarse a la Junta de Reclutamiento, en donde supieron que Alfredo ya se había pasado de la fecha del año en que se tenía que presentar; José estaba en la fecha de reclutarse; y, Henry seguía siendo menor de edad. Se presentaron los tres, para su sorpresa Henry quedó elegido para ir al servicio militar. Les dijeron que tenían que presentarse al otro día con una toalla, un cepillo de dientes, y algo de ropa. Al siguiente día, el Teniente de Reclutamiento preguntó si alguien tenía que decir algo antes de entrar en concentración: Henry dio un paso al frente para expresar que él pertenecía a un trío musical, y que iban a representar a Colombia en un Festival en Brasil. Esto se le ocurrió para evitar truncar su sueño de poder salir del país. El teniente les dijo que hablarían esa misma tarde sobre el tema. Llevaron las guitarras, y cantaron para él unas canciones. Luego, el mismo encargado de reclutar los llevó para darle una serenata al capitán, a quien le gustó mucho el trío, por lo tanto, les ofreció su ayuda para obtener la libreta militar, requisito necesario para sacar el pasaporte. La buena suerte le jugó a su favor, puesto que pudieron conseguir el permiso para salir del país. Henry todavía tenía 17 años, y era menor de edad. Salieron muy contentos con la idea de irse de Colombia a recorrer el mundo y realizar sus sueños. Una mañana que Henry venía de hacer trámites para sus documentos al doblar una esquina en Bogotá, de casualidad se encuentra con su sobrino Néstor Cifuentes Osorio, hijo de Marina su hermana, a quien había conocido cuando cantaba en las escuelas de Armenia. Después de los abrazos le dijo que su mamá y su otra hermana, que él no conocía llamada Lucy, residían en Bogotá. Henry estaba ansioso de conocer a su hermana por parte de padre. Henry le pidió la dirección, y se fue a buscarla ese mismo día. Lucy vivía en Fontibón cerca del Hipódromo de Techo con sus cinco hijos: Mercedes, Arturo, Nancy, Liliana y Pilar, en ese tiempo eran todos niños pequeños. Henry los encontró al medio día, les comentó que tenía que irse del país, por lo tanto, necesitaba un permiso para poder salir de Colombia que sea firmado por un familiar mayor de edad. Lucy por intermedio de su esposo, que había sido Gobernador del Departamento del Choco, fue a ver a un Juez, quien le firmó el permiso para que Henry viajara al exterior.

Su Primer Viaje al Ecuador

Los integrantes de la gira terminaron de sacar sus documentos, ya estaban listos y felices de emprender esa aventura para llevar la música por el mundo. Antes de viajar Henry se empezó a sentir mal de salud, con decaimiento y tenía mucha tos, por lo que decidió ir a chequearse con el médico, el diagnóstico fue "un resfrío" que supuestamente se le iba a pasar tomando mucho líquido. Una incompetencia del doctor que lo atendió, quien no detectó una grave enfermedad que le iba a causar muchos contratiempos para realizar sus sueños de viajar por el mundo y ser cantante. Poco tiempo después, salió de su país junto al trío acompañando a Hilda Márquez, a las ciudades de Cali, Popayán, Pasto e Ipiales en Colombia. Luego a Tulcán, Ibarra y finalmente Quito en Ecuador, donde trabajaron en un lugar llamado el Tucán. En Quito, el frío le hacía mucho mal. A Henry le preocupaba esa tos constante y ese malestar que no lo dejaba ni dormir, se sentía cansado, sin ganas de comer, ni hacer nada. Henry siguió sintiéndose unas veces un poco mejor y otras muy mal. En la ciudad de Quito, grabaron un disco con Hilda Márquez para el sello IFESA de música mexicana. Trabajaban en varios lugares, y una noche después de haber trabajado, salieron con Alfredo su compañero del trío, a buscar un lugar para comer, se fueron caminando por una calle oscura, de pronto, se encontraron con cuatro delincuentes que los quisieron agredir, Alfredo que era mayor que Henry lo protegió contra la pared, rompió una botella de gaseosa, la usó como arma en contra de ellos, quienes se asustaron y salieron despavoridos. Henry seguía con mucha tos, y a veces con fiebre muy alta, estaba bastante desmejorado cuando llegó a Guayaquil para trabajar en la Feria Bim Bam Bum, en el año 1959. Ya había pasado un mes desde que llegó al Ecuador, y cada vez se sentía más enfermo, hasta que fue a ver al doctor Valenzuela. El médico le dijo que si quería vivir debía internarse para poder hacerle un tratamiento. Fue ahí, donde el doctor, después de hacerle varios estudios, le confirmó que sufría de Tuberculosis. Estuvo internado en esa clínica por dos meses. En el trío lo reemplazó un cantante ecuatoriano que no recuerda su nombre, pero quien cantaba muy bien, y trabajaba con sus compañeros durante el tiempo que Henry estuvo internado. El tratamiento estaba dando resultado, y poco a poco se iba sintiendo mejor, pero no estaba curado totalmente. El doctor le dijo que le daba el alta, pero con la condición de que se tenía que cuidar mucho si quería curarse, siguiendo una rutina de chequeos constantes, pero lo más importante, debía tener un régimen de buena alimentación.

La Compañía Mexicana de los "Hermanos King"

En aquel tiempo llegó a Guayaquil la compañía mexicana de los "Hermanos King", de la cual varios de sus integrantes renunciaron y decidieron regresar a México, por lo tanto, el mariachi quedó incompleto, juntamente con el ballet. En Guayaquil, habían unos bailarines de un ballet compuesto por uruguayos y argentinos que se incorporaron junto con el trío e Hilda Márquez a la compañía que tenía programada una gira por Latinoamérica. La gira desde Ecuador hacia el sur de América comenzó, todos los integrantes viajaron por tierra, pero Henry tuvo que ir en avión debido a recomendaciones del médico por su delicado estado de salud. La compañía y sus integrantes llegaron a Lima, Perú. A los dos días fueron a la ciudad de Arequipa, donde trabajaron en una escuela por dos días hasta que regresaron a Lima. Era diciembre de 1960 cuando partieron a la ciudad de La Paz, Bolivia, donde visitaron el famoso Lago Titicaca, pasaron la "Navidad" y recibieron el "Año Nuevo" 1961. Los integrantes trabajaron en un teatro e hicieron una gira por todo el país. Estuvieron en Cochabamba, Santa Cruz de la Sierra, Oruro, Sucre y Potosí. En Potosí Henry se sintió peor de salud, pero seguía adelante con su maleta llena de sueños. Los Mexicanos tenían el propósito de llegar hasta la Argentina, pero de acuerdo al presupuesto que los llevaría a ese país solo podrían hacerlo en tren. Llegó el día esperado para cumplir con el sueño de llegar a Buenos Aires. La gente de Potosí les dijeron que si iban a hacer ese viaje en tren por varios días lleven mucha agua porque la travesía era larga y no había agua potable para tomar en el camino. Los mexicanos dijeron que ellos llevarían vino en vez de agua, y compraron algunas botellas cada uno. Henry llevó sus botellas de agua, también algo de comida y lo mismo hicieron sus compañeros del trío, quienes pensaron que iba a ser suficiente para un par de días. Se subieron al tren muy contentos porque iban a trabajar en la Argentina, para luego partir a Europa en la culminación de la gira.

El Viaje en tren desde Bolivia hasta la Argentina
"La odisea de Henry Nelson por cumplir un sueño"

El tren hizo sonar su silbato de partida, empezó a carretear anunciando el comienzo de una etapa de nuevas aventuras. Cruzaron montañas, valles sembrados que parecían una pintura, y ríos que corrían por su cauce. Y en las tardes, Dios el más grande pintor nunca igualado, pintaba los paisajes más hermosos que nadie se pueda imaginar. Viajaron por dos largos días, el tren iba muy lento, y todos se preguntaban cuando iban a llegar. Al tercer día, ya estaban todos preocupados porque el viaje se alargó, y no paraba en ningún poblado para abastecerse. En la mañana empezó a cambiar el tiempo, el paisaje se tornó agreste y frío, lo único que se podía ver, eran arbustos espinosos, típicos de las frías alturas. El viaje en el tren se estaba convirtiendo en un suplicio, ya que el agua potable se había acabado. El agua que había era la que le echaban al tren en ciertos lugares, pero no era apta para consumir. Tampoco quedaba ya nada de comer, ni forma de poder conseguir. El tren empezó a bajar de las montañas y el clima fue calentando, por lo tanto, la sed se hizo sentir más que el hambre, realmente era insoportable. Todo se estaba complicando, los ánimos ya no eran los de los primeros días. Alicia Camphell, una gran cantante Panameña, también sintió que ya no podía seguir, como el tren iba despacio, se tiró desde la plataforma, y empezó a correr por el campo. Mientras unos iban a avisar al maquinista para que parara, otros fueron a rescatarla, la subieron de nuevo al tren hasta que lograron calmarla. El calor arreciaba a medida que el tren bajaba del altiplano, el sol calcinaba la tierra con sus poderosos rayos. Pasó el tercer día, las gargantas resecas clamaban por agua, el hambre se hacía sentir, ya nadie sabía que hacer, la desesperación se notaba en cada uno de los rostros. Los más afectados eran los mexicanos que habían tomado vino en vez de agua. Todos los pasajeros entraron en pánico y se sentían impotentes. Al llegar la noche, antes del amanecer del cuarto día, anunciaron que esa mañana iban a llegar a un poblado llamado Villazón en la frontera con Argentina. Se veía en los rostros el asomo de una esperanza para sobrevivir, pues parecía imposible que ya se iba a terminar esa odisea. Esa noche, nadie quería, ni tampoco podía dormir, esperando llegar a un lugar poblado. En el tren se sentía el aire de la desesperación de tanta sed padecida. Henry nos contó que nunca había sentido una cosa más horrible. En el delirio y la desesperación aparecía en su mente el recuerdo de su madre. Sentía como si se le pegaran las entrañas a la piel, la boca se negaba a articular palabra, guardando la poca humedad que le quedaba, era un delirio insoportable. Henry sentía que las fuerzas lo iban a abandonar debido a su salud tan precaria. Por fin, el tren llegó a la estación, a las seis de la mañana todos se bajaron corriendo a buscar un lugar para comprar una gaseosa o conseguir agua, pero como era un pueblo pequeño, los escasos negocios estaban cerrados. Buscaban encontrar un poco de agua, pero el pueblo estaba desolado, no pudieron conseguir nada para calmar su sed. La desesperación hizo de las suyas, creían que no iban a sobrevivir de esta sedienta odisea. Volvieron al tren y cruzaron la frontera a las siete de la mañana, llegaron a otra pequeña población Argentina llamada La Quiaca en la provincia de Jujuy, Argentina. Esta era la última esperanza para encontrar un lugar abierto, algunos tenían las miradas perdidas, otros acostados en el piso, ya que no había fuerza para pararse, muchos con ganas de gritar y llorar pero ni eso podían, estaban como anestesiados con la deshidratación. El milagro de los pasajeros que rezaban todo el viaje se hizo realidad, esperaron hasta las ocho de la mañana en que por fin abrieron un almacén de comestibles, donde pudieron comprar gaseosas y pan, pero también tomaron un poco de agua del lugar, fue lo único que consiguieron, con lo que lograron calmar la sed y el hambre. Los que atendían el almacén cuentan que nunca habían visto una situación así, que los trenes por lo general informan a los pasajeros los días que se toman en cada travesía, contando con los inconvenientes que suele suceder en viajes largos. En esta ocasión fue negligencia de la compañía de trenes. Henry cuenta que fueron los días más terribles de su vida, de haber imaginado lo que iba a sufrir, jamás se hubiera lanzado a esa aventura de arriesgar su propia vida. Ahora que recuerda le agradece a Dios y a la imagen de su madre que siempre estuvieron junto a él. En todo el viaje sus pensamientos volaron a su Colombia natal, a su familia, y a sus amigos, pensaba que todo iba a estar bien, para poder volver un día con sus sueños cumplidos. Su meta era irse a Europa, sin saber que Argentina se convertiría en su lugar de residencia. Henry se sentía débil y cansado, pero con una voluntad de hierro, su meta era seguir adelante hasta el último esfuerzo. Así fue que el 7 de febrero de 1961 Henry pisó suelo argentino en la Quiaca. Durmieron ese día en esa ciudad, al siguiente día, ya repuestas las fuerzas después de tan pesarosa odisea partieron a Jujuy, donde trabajaron en un teatro por una semana. Luego, se fueron a la ciudad de Salta para trabajar otra semana. En esa ciudad se hicieron amigos de un grupo folclórico que se llamaba Los Huayras, donde cantó el inolvidable Jorge Cafrune y otro grupo llamado Los de Salta, en el que cantaba Tutu Campos, del cual se hizo muy amigo tiempo después en Buenos Aires. Los carnavales de Salta estaban en su apogeo, la gente se divertía, en los rostros se reflejaban la alegría y la despreocupación. En esos días, todo el mundo estaba feliz. La noche anterior, el trío había sido invitado a una fiesta de carnaval, donde se cantaba música autóctona (folclore), los bailes eran de una dulzura nunca antes vista por Henry, quien recuerda esa noche como una de las más hermosas que había vivido hasta ese día. Se sintió en un mundo mágico donde la chacarera y la zamba, llenas de poesía en sus letras lo dejaron encantado, y soñaba en que algún día, él podría ser capaz de componer una de esas canciones tan llenas de amor y poesía como "Zamba de mi esperanza". Fue maravilloso ver volar los pañuelos al viento en el aire y los movimientos cadenciosos de la dama con el caballero que la corteja, simplemente hermoso. Partieron de Salta en una mañana soleada, en un bus que los llevaría a la ciudad de Tucumán (El jardín de la república) así se la conoce, por sus hermosas mujeres, y porque crecen las flores más bellas. La gente de la región los trataba con mucha amabilidad, le gustaba mucho su forma de hablar, y los gestos de amistad que le brindaban por doquier. Todos los días Henry salía a caminar por la ciudad, de repente, una tarde entablaron conversación con unas chicas que estaban tomando mate en la puerta de su casa, lo convidaron a tomar esta infusión poco conocida en el resto de América. Una bebida que se sirve en un recipiente de madera o en una especie de calabaza pequeña, con agua muy caliente y se chupa con una canita (bombilla). Henry tomó un sorbo y se quemó la boca, las chicas entre asustadas y divertidas se reían, mientras Henry tomaba agua fría. Por otro lado, al comienzo de la gira el trío ya empezó a tener problemas con Darcy, el marido y representante de la cantante Hilda, debido a que no les pagaba por su trabajo, y ni siquiera les daba para la comida. Henry seguía enfermo, a veces se sentía mejor, y en otras mal. Frecuentemente le daba una fiebre muy alta que se la bajaba tomando limonada caliente, y metiéndose debajo de las cobijas hasta que transpiraba, por lo cual al siguiente día, se sentía un poco mejor. El tiempo en esos días era placentero, seguía siendo verano. Henry estaba decidido a hablar con el representante para que paguen lo adeudado por su trabajo realizado con el trío, porque ya no podían seguir en esa situación, esperando la voluntad del representante con el fin de recibir el pago. Esa noche, justo antes de la función del teatro, Henry le pidió a Darcy que por favor les pagara por su trabajo, pero él le contestó que no tenía dinero para pagarles, y lo que deberían hacer era seguir trabajando hasta que él tenga dinero para darles. "Henry le dijo que es un abuso lo que está haciendo, porque él cobra por cada presentación a los empresarios", cuando de repente, Darcy le dio una cachetada a Henry, y sacó una pistola que tenía para dispararle, pero gracias a la inmediata intervención de los mariachis impidió que las cosas no fueran a mayores. Henry salió del teatro para su hotel, ya no quería trabajar más, los compañeros del trío lo siguieron. El verdadero dueño de la compañía al enterarse de los abusos del señor Darcy en contra del trío, fue a buscarlos al hotel, hablaron y acordaron con el dueño que no querían tener más trato con el representante, manifestaron que lo único que pedían es que les pagaran lo que le correspondía al trío. El dueño les dio un dinero como adelanto a lo adeudado, con lo cual comieron varios días. Desde ese día se entendieron con los dueños de la compañía de los Hermanos King, y nunca más con Darcy. El acuerdo era que el trío cobraría a diario por sus actuaciones, y sabían que si ellos se iban, el mariachi quedaba incompleto, por lo tanto, no podrían actuar, así es que necesitaban al trío. Pasaron dos semanas en Tucumán trabajando en el teatro Alberdi. La gira siguió su rumbo a otra ciudad llamada Santiago del Estero. En esa ciudad, al medio día no se podía salir a la calle hasta las seis de la tarde en que el sol no calentaba tanto. Una ciudad pequeña, pujante y trabajadora. Estuvieron una semana actuando en un teatro, pero visitar Buenos Aires todavía no estaba en los planes de la compañía, antes tenían que salir a otro lugar. Santiago del Estero es cuna de poetas y grandes folcloristas, cuna del bombo leguero, instrumento esencial para el folclore argentino. El ómnibus siguió su rumbo en la carretera devorando kilómetros hasta llegar a una ciudad en el litoral argentino llamada Resistencia en la provincia de El Chaco. Trabajaron varios días en esa ciudad con muy buena acogida del público. El paisaje era exuberante lleno de fertilidad y tierra colorada, conocieron muchos lugares hermosos, pero Henry seguía muy enfermo, se pasaba casi todo el tiempo en la cama, con mucho esfuerzo se levantaba sólo para actuar. Al siguiente día partieron para la ciudad de Misiones, hermosa ciudad llena de vida silvestre, vegetación exuberante y selvática donde trabajaron varios días seguidos. El río Paraná está en todo su esplendor en ese lugar, es un punto estratégico y turístico de la Argentina, donde están las Cataratas de Iguazú. En aquel lugar la Argentina comparte fronteras con Paraguay y Brasil. La gira continuaba su itinerario por varias ciudades hasta llegar a la ciudad de Corrientes, otra bella ciudad con un folclore muy particular, el Chamamé, las Polkas, Rasguido Doble y muchos otros ritmos muy agradables. Corrientes, una ciudad que está ubicada en el territorio del río Paraná. Trabajaron en un teatro, y en otras poblaciones que quedaban en los alrededores, Curuzú, Cuatiá, Goya y algunas otras. Ya estaban muy cansados en la gira, todos esperaban ansiosos que llegue el día para viajar a Buenos Aires. Henry se sentía cada vez peor, le daba fiebre más seguido, pero le faltaba dinero para ver a un médico, y le sobraba el temor de que lo dejaran internado en un lugar donde él no conocía a nadie. El trayecto de Corrientes hasta Rosario lo hicieron en barco por el río Paraná. Henry se quedaba horas mirando el río con su hermoso paisaje, sus aguas de plata y los colores de sus riberas que embellecen el litoral argentino. A Henry siempre le había gustado el campo, los pájaros, las flores y los árboles matizando el paisaje con su verde exuberante. Todo el panorama le traía recuerdos de su querida Armenia natal. Fueron tres días de navegar por ese hermoso río, y era la primera vez que Henry subía a un barco. Llegaron por fin a Rosario, ciudad muy grande parecida en muchos aspectos a Buenos Aires. A Rosario le dicen la Chicago Argentina, perteneciente a la provincia de Santa Fé, poblada por colonias de extranjeros que vinieron a trabajar la tierra desde Europa, Judíos, Alemanes, Franceses y de todas las nacionalidades. Los integrantes trabajaron por dos semanas en el teatro "La Comedia", uno de los teatros más renombrados de la Argentina. Henry en esa ciudad tuvo la oportunidad de conocer a un *famoso ilusionista llamado Tu Sam. Ya era junio de 1961, y por fin llegó el día tan ansiado, saber que se iban a la ciudad de Buenos Aires, la reina de la Plata. A las primeras horas de la noche salió el bus de la terminal de Rosario rumbo a la capital, llegó el invierno, por lo tanto, hacía mucho frío. Henry nunca había sentido tanto frío en su vida, de cuatro grados centígrados, el bus no tenía calefacción, por lo cual Henry tosió todo el camino, y su estado de salud empeoró.*

Henry Nelson llega a Buenos Aires

Henry y sus compañeros de gira llegaron por fin a la Plaza Once de Buenos Aires, a las once de la noche, el 14 de junio de 1961 coincidentemente tres años después nacería su primera hija Lidia Luz en el mismo mes y día del año 1964. Lidia Luz que le ha dado tres hermosos nietos Nicolás, Micaela y Lucía. Todos los integrantes de la gira se hospedaron en el Hotel Venus en el centro de la ciudad, hoy no existe más. En los días siguientes, los huéspedes escucharon que tocaban música tropical colombiana pero no se sabía exactamente de dónde provenían los sonidos. José el requintista del trío salió a la calle a averiguar, de pronto, se dio cuenta que era del estudio de grabación de la ODEON, que quedaba al lado del hotel, de ahí era que salía la música. Preguntó quiénes grababan y le dijeron que era un grupo colombiano llamado "Los Wawancó". José se acercó al estudio para poder hablar con alguien del grupo colombiano, pero como estaban grabando, en ese momento no se dio la oportunidad. Más tarde, José volvió con Henry, les comentó que él también era colombiano, y que conforman un trío que acababa de llegar a la ciudad de Buenos Aires. El representante de "Los Wawancó" le pidió a Henry que dejara el número de la habitación del hotel para ubicarlo y conversar sobre futuros proyectos juntos. Como a las seis de la tarde apareció el cantante del grupo Hernán

Rojas, famoso y reconocido en su Colombia natal, preguntó por la voz del trío, Henry se acercó a la puerta, Hernán le dijo que le gustaría trabajar con él. A Hernán le gustaba mucho la música folclórica colombiana, por lo tanto, para saber qué música tocan, y como cantaba Henry, les pidió que le cantaran un Bambuco, a lo que se quedó encantado, y acordaron de verse al siguiente día para concretar lo referente al trabajo. Así nació una hermosa amistad entre Henry y Hernán, quien lo animó para que compusiera sus primeras canciones, pues veía en Henry a un gran talento de la música latinoamericana. El invierno en Buenos Aires era severo en el mes de junio, sobre todo para aquellos que venían de una tierra caliente como es Armenia en Colombia. La segunda noche salió a pasear por los alrededores, pero no se aprendió la dirección, ni el nombre del hotel donde se hospedaba, y de tanto caminar por los alrededores, se perdió. Era un dilema para Henry regresar, estuvo perdido desde las doce de la noche hasta las dos de la mañana. Había pasado por la puerta del lobby del hotel hasta que por suerte, un empleado lo divisó pasando por la acera, le preguntó qué andaba haciendo tanto tiempo caminando por ahí con ese frío, y sin abrigo. Henry tenía puesto un traje de tela para verano, el frío lo estaba congelando. Al final los dos se reirían de lo que le pasó, y por fin Henry se fue a dormir. A los días debutaron en un lugar famoso en esa época llamado "El Tabarís", hoy en día es un teatro. Ya no trabajaban para la compañía mexicana, ahora solo sería con el mariachi y la cantante. Fueron dos semanas que trabajaron en ese sitio. Los integrantes del mariachi regresaron a México. Luego de terminar el contrato con "El Tabarís" acordaron con Darcy representante de Hilda, viajar para trabajar en Comodoro-Rivadavia, en el sur de la Argentina, la temperatura es más fría que en Buenos Aires. Partieron en avión, llegaron como al medio día, el frío era insoportable para Henry, por lo tanto, salió a comprar un abrigo. Se presentaron en un lugar llamado "Bagatel" compartiendo el escenario nada menos que con el inolvidable e innovador del tango "Astor Piazzola" con su Quinteto. En ese tiempo, Henry no comprendía su música, pensaba que era muy rara para su gusto, ya que el tango que estaba acostumbrado a escuchar en Colombia era muy diferente en música y estilo. Hoy es un ferviente admirador como casi todos los músicos argentinos, que al principio dijeron que eso no era tango, porque era diferente. Siempre pasa con los grandes creadores de cualquier género, la gente tiende a conservar la raíz, y no son amigos de las innovaciones. Henry nunca había estado en un lugar tan frío y ventoso. Cuenta que a veces cuando salía a la calle el viento lo tiraba para atrás, y casi no podía caminar. Terminaron las presentaciones en Comodoro Rivadavia, con mucho éxito, Henry se llevó lindos recuerdos de la gente que los iba a escuchar cantar. Regresaron por fin a Buenos Aires, como Henry ya no se sentía cómodo trabajando con la cantante y su representante, de acuerdo con el trío decidieron terminar el contrato, y mudarse de hotel. El nombre del trío no era tan famoso, por lo tanto, lo cambiaron por el de trío "Tequendama". Henry se guardaba el suceso en Tucumán, por lo que Darcy habló con sus dos compañeros del trío para que convencieran a Henry de que sigan acompañando a Hilda en las presentaciones siguientes, pero ellos contestaron que sí Henry aceptaba, por supuesto que lo hacían, entonces lo llamó para hablar con él, a lo que Henry le dijo frente a Darcy que ya no iría, que no desea trabajar más porque no confiaba en él. Darcy no se daba por vencido, lo llamaba todos los días, hasta que un día le ofreció una mejor propuesta de trabajo con mejor pago, y lo convenció de volver, Henry aceptó por la necesidad del trío. Quedaron en verse a las once de la mañana del siguiente día. Habían empezado a ensayar, pero de repente Henry se sintió muy incómodo, aún guardaba en su cabeza el episodio de Tucumán y no podía seguir, ni siquiera por la necesidad económica, cuando de repente decidió que no ensayaba más. Los tres guardaron sus guitarras y se fueron al hotel, en ese sentido estaban muy unidos para apoyarse entre sí, ya llevaban cuatro años juntos en la música. Hilda tenía que debutar en el teatro Florida de Buenos Aires, Darcy desesperado volvió a llamar a Henry para tratar de convencerlo, ya que en Buenos Aires la música mexicana no tenía presencia como en el resto de América, por lo que se le hacía muy difícil conseguir músicos para acompañarla, Henry se negó rotundamente. El debut de la cantante en el teatro Florida situado en la calle del mismo nombre, era un jueves, y Henry compró un boleto para ver cómo era esa presentación sin el trío. Cuando la anunciaron, la mexicana salió a escena con un contrabajo y un saxofón, nada que ver con la música folclórica de México. Henry se había sentado en la primera fila. Ella cantó media canción y se fue llorando del escenario. Su presentación fue todo un fracaso, esa fue la última vez que Henry vio a Hilda y Darcy. El trío se abrió paso, cada quien por su lado, buscaron trabajo. Por medio de una recomendación de unos colombianos que vivían en Buenos Aires y estudiaban medicina, consiguieron trabajar dos días a la semana en un restaurante Francés llamado "El gallo de Oro", pero el dinero sólo les alcanzaba para pagar dos días de hotel y no para comer. La salud de Henry era muy precaria, ya no resistía mucho estar levantado. Se cansaba por el desarrollo de una tos que no le pasaba, comía lo que podía ya que no sentía hambre, al contrario no quería comer. Por fin, en esos días consiguieron un trabajo en un teatro de revistas en la ciudad de Buenos Aires llamado "Teatro Argentino", en ese teatro se estrenó la obra "Jesucristo Super Star". El trío "Tequendama" trabajaba todos los días en el teatro, ya tenían para pagar el hotel, comer y todavía les sobraba algo de dinero. Justo cuando les estaba yendo muy bien José, quien tocaba el requinto, se abrió del trío porque le salió una oportunidad para acompañar a un cantante llamado Ernesto Carrizo. Debido a esta situación, el trío quedó incompleto, los reemplazaron con otros artistas en el teatro, y se quedaron sin trabajo de nuevo. Henry se puso peor de salud, ya casi ni salía a la calle, tenía fiebre, fatiga y mucha tos, no quería imaginarse cómo iba a terminar su vida llena de incertidumbres.

Amigos Colombianos en la Argentina

Por referencias de algunas amistades fueron conociendo a colombianos radicados en la ciudad, que los invitaban a fiestas donde Henry conoció a un médico cirujano colombiano llamado Guillermo Tolosa, un excelente médico, que trabajaba en el hospital Pirovano de Buenos Aires. Al verlo así con tanta tos y tan pálido, el doctor le ofreció ayuda para que fuera al hospital para sacarle una radiografía. Se pusieron de acuerdo, Henry acudió a la cita en el mismo mes. Ya era noviembre de 1961, hacía cinco meses que Henry había llegado a la Argentina. Cuando el médico estudió la radiografía se sentó con él para hablar y recomendarle internarse, ya que estaba muy avanzada su enfermedad. Henry tenía Tuberculosis, que en aquel tiempo era muy grave y difícil de curar. Le dijo que posiblemente lo tendrían que operar, él se asustó mucho, no por miedo a la cirugía sino porque temía no poder seguir cantando, que era lo que más le gustaba, también le preocupaba sus compañeros del trío, pensando en cómo pagarían sus gastos para sobrevivir sino trabajaban por causa de su enfermedad. Inmediatamente, el doctor Guillermo, le consiguió el ingreso en el hospital Cetrángolo, especializados en tratar esa enfermedad. Lo internaron el 2 de diciembre de 1961. A Henry ya se le hacía muy difícil caminar, se cansaba mucho y respiraba con dificultad. Lo medicaron para que pudiera dormir, no quería comer, durmió tres días casi seguidos, lo despertaban solo para que comiera, pero él no podía. El día 4 de diciembre celebraría su cumpleaños durmiendo.

La Grave Enfermedad de Henry

Un amigo bailarín uruguayo al que le decían Pocho, quien trabajaba en la compañía Mexicana, le había recomendado al trío a una fotógrafa colombiana que tenía su estudio en la calle Corrientes y Uruguay. La madre de ellas se llamaba Eva, quien era de la ciudad de Guayaquil, sus hijas se llamaban: Luisita y Graciela. Ellas eran colombianas, quienes hacían las fotos de todas las carteleras de los grandes teatros de revistas de Buenos Aires. Cuando Henry las conoció se hicieron muy buenos amigos. Eva, la madre de ellas, veía a Henry como el hijo varón que nunca tuvo, él la llamaba "mami ecuatoriana". Una amiga de ellas llamada Graciela Báez siempre concurría a las fiestas de los colombianos, Henry la conoció un domingo en la casa de un estudiante de medicina, Manuel Cartagena. Cuando se enteró de que Henry estaba internado en el hospital, se ocupó de visitar a todos los colombianos que conocía, y decidieron ayudarlo, porque sabían de la necesidad de Henry. El dinero colectado para ayudar a Henry entre sus amigos colombianos se lo entregó Graciela a su compañero del trío llamado Alfredo, para que él se lo llevara a Henry al hospital el día que lo visitara. Como Henry estaba enfermo ya no podían trabajar, por consiguiente no tenían dinero para pagar el hotel donde se hospedaban. Esa semana, Alfredo no fue a ver a Henry, y usó ese dinero para pagar el hotel. Al siguiente martes,

Graciela fue a ver a Henry al hospital, le preguntó si Alfredo había ido por ahí, Henry le dijo que no volvió desde el jueves pasado. En ese momento, ella no le dijo nada. Al siguiente jueves, cuando ella volvió a visitarlo, le contó que apresaron a su amigo del trío, Alfredo por usar el dinero colectado para él, sin su autorización. Henry se quedó muy afligido, pensando lo que estaría pasando su amigo preso, eso era lo que le preocupaba mucho más que el dinero colectado. Él quería que sus compañeros de penurias no pasaran frío, ni hambre. Henry pensaba que estando en el hospital no necesitaba nada, pero sus amigos estaban en la calle y pasando necesidades. Al otro día, apareció un policía en el hospital para tomarle una declaración y así poder procesar a su compañero Alfredo, pero Henry respondió que él le había autorizado a gastar el dinero para pagar el hotel, y que además eran como hermanos, y eso era cierto, porque así lo sentía Henry. Con esa declaración no tuvieron más remedio que soltar a su compañero. Graciela se apareció otra vez a los dos días en el hospital reclamando a Henry muy enojada por haber cambiado la declaración en favor de su amigo Alfredo, y le comunicó que no la volvería a ver jamás, y realmente así fue. La mami ecuatoriana y sus dos hijas Luisita y Graciela, que también se llamaba igual que su amiga, hicieron una fiesta donde recaudaron dinero para ayudar a Henry que seguía en el hospital internado. Ya había pasado un mes, se había recuperado, subió diez kilos de peso, y la ropa que tenía ya no le quedaba bien. Con el dinero de sus amistades, se pudo comprar un traje nuevo. El jefe médico que lo atendió en el hospital, le permitió llevar la guitarra porque pensaba que le haría bien. Ya no tosía, se sentía como nunca en varios años de estar afligido por ese malestar. El buen humor volvió a sonreírle, le cantaba a los enfermos internos que estaban con él. El médico otra vez le comentó la posibilidad de una operación. Henry a los dos meses ya se había hecho resistente a la Estreptomicina, medicamento que había para el tratamiento de la Tuberculosis. Henry se asustó, aunque seguía subiendo de peso, y se sentía mejor. Le cambiaron los medicamentos que ya no eran antibióticos, Participan y Nicotivina. Ya habían pasado tres meses desde que estaba internado. Un día, un señor que estaba enfermo, en un estado muy avanzado, le recomendó que comiera mucha cebolla que tenía un ácido muy bueno para los pulmones. La herida en el pulmón era casi lo mismo que cuando llegó, así que era cosa de Dios lo que pasaría después. Henry empezó a comer cebolla todos los días al mediodía, y a la noche. Cuando el médico le hizo la siguiente tomografía vio que empezaba a cerrarse la lesión, le dijo que estaba muy contento, que era como un milagro. Henry no le comentó lo de la cebolla, porque pensaba que no sería por eso. Lo cierto es que siguió mejorando.

La Recuperación de Henry

Un día de marzo hacía mucho calor, eran las dos de la tarde y se había quedado dormido cuando sintió como una brisa que entraba por la ventana. Cuando abrió los ojos vio a una persona que no conocía soplándole con una revista, le preguntó: ¿Quién eres? y le contestó: Soy el pibe Osorio, quien había estado tiempo atrás en la fiesta de las fotógrafas colombianas, ellas le dieron la dirección del hospital para visitarlo, quien lo iba a ver los martes y jueves, se hicieron muy amigos, se llamaba Ernesto D'lorenzi. Ya lo dejaban salir del hospital cada quince días, un día cada vez, debía regresar a las seis de la tarde de nuevo. Ernesto lo invitó a que lo visitara en su casa un sábado y aceptó gustoso la invitación de su amigo. Ahí conoció a la madre de él que se llamaba Evilda. Tenían una casa grande con muchas habitaciones. El verano había terminado y empezaba el otoño en Argentina. Cada día que pasaba le parecía un siglo, pero se iba sintiendo mejor. Ya no tenía tos, ni fiebre, ni nada. Siguió visitando en su casa a su amigo Ernesto y ahí conoció a la sobrina de Evilda, se llamaba Romelia, pero le decían Lita. Habían hablado el primer día que la conoció en la casa de su tía Evilda, mamá de Ernesto, al principio fue una amistad, lo cual él valoraba mucho pues se sentía muy solo. Al cumplir los 21 años, ella lo empezó a visitar en el hospital como una amiga que quería ayudar y cuando lo dejaban salir del hospital los sábados, se quedaba en la casa de su amigo Ernesto hasta el otro día, domingo a la noche que tenía que regresar al hospital. Después entre las visitas al hospital y las visitas de Henry a la casa de Evilda se hizo novio de Lita. En esa casa grande, también vivía la hermana de Evilda, Apolinaria (Pola) con su esposo Pedro Gandolfi, él se parecía mucho a Anibal Troilo (Pichuco), gran músico, compositor y director de orquesta de tango. A veces la gente lo confundía con él. En su juventud habían sido amigos, eran del mismo barrio. Gandolfi se encariñó tanto, que veía a Henry como a un hijo, lo mismo Pola su señora, tanto que era él, quien iba a conversar con los doctores Tamini y Alleran, jefes de la sala donde Henry seguía internado, para que lo dejaran salir los sábados y también para ver cómo estaba su salud. Era muy querido por todos los enfermos, y sobre todo por los doctores, de quienes guarda un agradecimiento eterno. A veces lo llamaban al consultorio donde lo hacían cantar, en ese tiempo estaba de moda una canción que Henry siempre cantaba, que se llama "Escándalo". (Porque tu amor es mi espina, por las cuatro esquinas hablan de los dos), y por esa razón lo llamaban Escándalo como sobrenombre. En la siguiente tomografía solo se veía una línea en el pulmón, pero todavía no estaba curado. El doctor Tamini le dijo que eso era como un milagro, pues se estaba curando bien, que iban a esperar un tiempo más, para ver si se salvaba de ser operado. Henry se puso muy contento, por lo que se sintió seguro de su salud por primera vez en mucho tiempo. Él creía que en cualquier momento le iban a dar de alta. Seguían pasando los días, le hicieron más estudios para ver si evoluciona bien. Como Henry ya estaba mejor, el trío empezó a trabajar en la radio "El Mundo". Henry conseguía el permiso para salir los martes, jueves y domingos en que tenían audición. Ya era invierno del año 1962 en Buenos Aires. Las más grandes radios de Argentina tenían un elenco extenso, no solo de cantantes, sino también de actores, actrices y músicos estables que trabajaban ahí. Estas eran: Radio el Mundo, Radio Belgrano y Radio Splendid. Como no se podía trabajar permanentemente en esas radios, únicamente trabajaban dos meses en Radio El Mundo, y dos meses en Radio Splendid. Henry estaba muy contento pues podía guardar ese dinero que le pagaban en las radios para comprar ropa, porque la que tenía ya le quedaba chica, hacía frío y él no tenía abrigo. En el hospital se había vuelto muy popular entre los médicos, enfermeras, y las salas de los pacientes porque trabajaba en las radios y les gustaba mucho como cantaba el trío "Tequendama". Henry gozaba de una estima especial, lo dejaban salir cuatro días a la semana pero no se podía ir del hospital, no le habían dado de alta todavía. El noviazgo con Lita seguía adelante. Los días que salía para cantar en la radio se iba a quedar en la casa de ella, y después volvía al hospital. Empezaron los ensayos con el trío nuevamente, una vez que el médico lo autorizó. El trío estaba sonando mejor porque Henry había recuperado la fuerza y su voz estaba plena. Henry compró nuevos trajes de invierno, ya no padeció frío como el año anterior. La espera del alta se hacía interminable, aunque ya no quería estar más en el hospital, necesitaba quedarse para que le sigan haciendo estudios hasta que los resultados sean favorables. Pasaron varios meses, las hojas de los árboles se tiñeron de amarillo y formaban una alfombra en las calles. Eso le parecía extraordinario como cambiaban las hojas de los árboles. Esto nunca pudo verlo en su Colombia natal, donde las hojas de los árboles no se caen de esa forma. En Argentina al llegar el otoño, los árboles quedaban descarnados, parecían figuras *fantasmagóricas. Esa era la impresión que Henry tenía al ver la luna entre las ramas secas de las hojas desde la sala del hospital. Ya había empezado a hacer frío, pero no le afectaba demasiado ya que se sentía muy bien. Ahora sí disfrutaba de Buenos Aires como no lo había disfrutado antes. Tanta gente, tantas razas, vivir en Buenos Aires le resultaba muy placentero. Visitaba muy a menudo a la mami ecuatoriana y a sus hijas colombianas, a veces hacían fiestas en las que él cantaba con el trío. Por fin, un día lo llamó el doctor Tamini, y le dijo: "El 21 de septiembre, para el día de la primavera, ya te vamos a dar el alta". Henry se alegró muchísimo, ese día les cantó muchas canciones a los doctores, estaba muy contento, ya faltaban como ocho días, le estaban haciendo los últimos estudios a ver si todo estaba listo para que se fuera del hospital. El doctor le recomendó que se debía cuidar mucho, si no quería volver a estar ahí. No podía tomar alcohol, fumar ni trasnochar, pero lo más importante, es que tenía que alimentarse de forma saludable. En la casa de Evilda, madre de su amigo Ernesto, le dijeron a Henry que se podía quedar a vivir si el quería, Evilda le comentó que tenía una habitación, que se la alquilaba por cuarenta pesos por mes, que era como un alquiler simbólico, Henry aceptó inmediatamente. En Argentina poco tiempo atrás habían derrocado al Presidente Arturo Frondizi y lo reemplazó un civil de apellido Guido; en septiembre 1962, el General Juan Carlos Ongania quería tomar el poder, pero una parte del ejército se enfrentó con la otra parte comandada por el General Toranzo Montero. Esto sucedió tres días antes del 21 de septiembre, día en que Henry saldría del hospital. En la calle Entre Ríos y Caseros hubo un enfrentamiento entre los dos bandos, y los soldados heridos fueron llevados al hospital donde él estaba. Henry observaba cómo entraban con los heridos de* bala, por lo que se frustraba su salida de ahí. Al lado del hospital existía un depósito de municiones del ejército por donde los aviones volaban bajo. Henry tenía miedo de que tiraran una bomba y vuelen todos por el aire. Las escaramuzas duraron tres días, hasta que el enfrentamiento militar terminó. Por fin le dieron el alta el 25 de septiembre, Henry se sentía feliz, porque tenía novia y una familia en donde quedarse. El trío se desintegró durante la enfermedad de Henry, por lo que empezó a trabajar por su cuenta, en dos lugares diferentes por las noches. Aunque trasnochaba, se alimentaba bien y no tomaba alcohol. Cada uno de los otros dos integrantes trabajaban por su cuenta. Henry estaba contento porque ganaba más dinero cantando solo, que con el trío. Un empresario le propuso volver con el trío para una gira por Argentina. Él hizo cuentas y pidió una suma de dinero de acuerdo a lo que estaba ganando, pues trabajaba todos los días. El empresario no aceptó, pero José Reyes Cruz sí lo hizo, por lo que le ofrecían, se formó un trío con otros dos cantantes Eduardo Orias Boliviano y Eugenio Pra. El trío formado así se fue de gira por dos meses. Al mes y medio José Reyes llamó a Henry desde la estación del tren para contarle que no tenía dinero, ni dónde quedarse. Por lo visto, la supuesta gira terminó mal y no les pagaron. José fue a vivir a la habitación de Henry, quien seguía trabajando solo por las noches. La mamá de Ernesto le permitió a Henry traer a José a su casa hasta que consiga trabajo. Alfredo, el otro colombiano integrante del trío original "Tequendama" regresó a su Colombia natal. Henry lo que quería era cantar como solista, no quería volver con el trío, pero la mamá de Ernesto lo convenció que ayude a sus amigos y vuelva con el trío, esta vez con José y Eugenio, Henry finalmente aceptó. Eugenio Pra era un tenor muy bueno, quería hacer segunda voz, pero como tenía una voz privilegiada decidieron turnarse en las canciones que le quedaran bien a cada uno. Comenzaron a ensayar ocho horas diarias, volvieron a la radio, y consiguieron un trabajo en el "Patio de Tango" donde el trío era el número diferente, ya que cantaban todo tipo de música.

Henry graba temas con el trío "Tequendama" en 1963

En 1963 el estilo del trío Tequendama estaba de moda en la Argentina, tenía mucho trabajo para presentarse en los mejores lugares nocturnos, eran muy codiciados, el registro y tonalidad de voz de Henry Nelson al interpretar las cumbias, le ponía el sabor colombiano, algo novedoso en la ciudad del tango. En el tiempo que tenían libre decidieron grabar unos temas "El Nativo" y "Exagerado José", temas que tuvieron mucho éxito y se vendieron bien. Incluso estos temas fueron grabados más adelante por "Los Wawanco" y "La Charanga Limeña". En 1964 Henry Nelson graba con los 4 de Colombia los temas "Carnaval Rosaleña" y "Está amaneciendo", que tuvieron mucho éxito en toda la Argentina.

Su Amor por la Música y su Matrimonio

En el tiempo que Henry trabajaba con el trío, después de salir del hospital se casó con Lita el 25 de abril de 1963. En junio 14 de 1964 nació su primera hija Lidia Luz. Henry supo que iba a ser muy difícil manejar la situación. En las relaciones de pareja cuando eres músico, y tu pareja no pertenece a ese mundo, es bastante complicado lograr un balance para mantener en comunión al matrimonio y la música. Henry siguió adelante con su enorme convicción de que cantar era lo suyo, tratando siempre de mantenerse equilibrado en su vida privada. En ese mismo año, se disolvió el trío, por lo que decidió lanzarse como solista, sin imaginar que el esfuerzo por alcanzar el éxito iba a ser muy duro. En ese tiempo en Buenos Aires existían las whiskerías en donde la gente iba a tomarse unos tragos y escuchar música en vivo, así fue como Henry empezó a cantar como solista en varios centros nocturnos, buscando la forma de abrirse paso en su carrera musical. Esta experiencia duró muy poco, debido a que no era fácil volver a empezar después de haber trabajado con el trío alternando con los mejores cantores y orquestas de tango, en los centros más importantes de Buenos Aires, y en la televisión. Al cabo de un año, comienza otra etapa en la vida de Henry Nelson. Un día llegó a la Argentina el rey de la música colombiana Lucho Bermúdez y necesitaba cantantes para grabar tres discos, eligió a Henry para cantar algunas canciones en cada uno de los discos titulados: Colombia Tierra Querida, Lucho Bermúdez Diferente, y Lucho Bermúdez Internacional. En la Argentina en ese tiempo había una orquesta tropical dirigida por Tito Alberti, padre de Charlie Alberti, el baterista de Soda Stereo, quien también convocó a Henry para que cantara en su orquesta. El grababa en la Compañía de Discos Music Hall, y grabó algunas de las composiciones de Henry con su agrupación, entre ellas "La Boda y tú", eso fue un éxito, cada tema de Henry Nelson que grababa con cualquier orquesta era un boom, porque su ritmo y sabor que contagia al público. Aunque Henry tenía éxito en el ámbito tropical grabando con el trío, y con varias orquestas, él seguía buscando la oportunidad de grabar como solista en las otras compañías disqueras.

Henry Nelson y su Primera Grabación de Música Tropical

Un día llegando a casa se encontró con la sorpresa de que lo habían llamado de la CBS, al otro día devolvió la llamada para encontrarse con un productor de la compañía llamado Jako Zeller, quien le ofreció grabar dos temas de un grupo llamado "Los Alegres Cantores" y le prometieron que si se vendía el disco, le iban a dar la oportunidad de grabar un single. En el lado A del disco la canción "La Banda Borracha", se vendieron 40.000 placas y fue así que tuvo la oportunidad de grabar su primer disco como solista de música tropical que en ese tiempo era lo que más se vendía en Argentina. Los títulos de las canciones eran "Va la Cumbia", "Tu piel al sol", y "El Conductor". Luego grabó "Las Campanas", "Prisionero soy", "La niña preguntona" y "Plazos traicioneros". Después de grabar tres discos sencillos, se ganó la oportunidad de hacer el primer disco de larga duración de música tropical colombiana titulado: "HENRY NELSON, El Colombiano". El disco se vendió muy bien, fue un gran éxito para el artista, y empezó a trabajar de gira por todo el país. En esos tiempos fue contratado para trabajar en un programa de televisión de alta sintonía llamado "ESCALA MUSICAL", por donde desfilaban todos los artistas famosos de América, conducido por los presentadores Jorge Belliart y

Cristina Alberó. Todos los cantantes que participaban en el programa tenían que ser actores. Henry cantaba e incursionó en la actuación representando algunos personajes de comedia para divertir a la gente. Esta fue una gran oportunidad, en la que demostró que tenía gran talento como comediante, en realidad Henry es de naturaleza alegre, y le gusta hacer reír a las personas que están en su entorno, es un cuenta chistes genial, porque representa al personaje de su chiste.

Su Primera Presentación en Rosario, Argentina en 1966

Ya era septiembre del año 1966 cuando hizo su primera presentación en la ciudad de Rosario, la segunda en importancia de Argentina. Se había formado un grupo para que lo acompañara en esa oportunidad, y el mismo día del debut el pianista, músico fundamental, tuvo un inconveniente y no pudo acompañar a Henry en la presentación. Esto causó un problema para poder encontrar un reemplazo ese mismo día, pero con mucho esfuerzo al final se consiguió. El debut de Henry Nelson fue un gran éxito, el público asistente estuvo muy efusivo que emocionó al artista que tanto soñaba con cantar en un gran escenario. Henry trabajaba duro para ensayar con el nuevo grupo para viajar a cantar los fines de semana, ya los días se le hacían cortos con tantos proyectos encima que tenía que realizar. El grupo sonaba muy bien y tenían mucho trabajo porque la música que cantaba estaba de moda, pero no estaba conforme con el género musical que interpretaba, lo que Henry Nelson siempre quería hacer era cantarle al amor, y sobre todo, lo que le ocurría a la mujer, y a la pareja por amor o desamor. En la compañía grabadora querían que siguiera cantando música tropical, en los discos que grababa de vez en cuando ponía algunos boleros, ya que se había vendido bien el primer disco larga duración, luego grabó el segundo disco titulado: "Fuego en la Cumbia". Esos dos discos no los podía conseguir, ya que se le perdieron, y solamente conservaba las tapas (el cover) de los discos. Un día, estaba con un amigo tomando café cerca de la Sociedad Argentina de Autores, Intérpretes y Compositores, SADAIC, le pareció que un músico llamado Eduardo lo miraba mucho hasta que se acercó, le preguntó si era HENRY NELSON, el joven le dijo que era coleccionista de discos, y tenía todos los vinilos de él, así fue que pudo recuperar el audio de sus dos primeros discos de cumbias.

Exitoso Año 1967 para Henry Nelson

El 17 de mayo de 1967 nació su segunda hija Mariana y fue como dice el dicho, vino con el pan bajo el brazo. En ese tiempo la carrera artística de Henry Nelson estaba consolidada y tenía muchas giras de trabajo. Compró su primera vivienda, y su primer auto que necesitaba para salir a trabajar. Pasaron dos años de grandes éxitos para Henry Nelson en el ámbito tropical en Argentina. En 1969 ocurrió un episodio que le dio un giro total a su vida artística. En Argentina, la música tropical se dejó de escuchar en las radios. El panorama empezaba a endurecerse, lo que lo puso a reflexionar en cómo debía seguir con su carrera musical. El Cuarteto Imperial, que tanto éxito había tenido en Argentina se disolvió de sus primeros integrantes, sólo quedó el Director Heli Toro Alvarez, los otros tres formaron otro grupo llamado Los Imperiales Colombianos ellos eran: Juan y Octavio Acosta, y Antonio Muñoz. Un día, conversando con ellos, planearon irse juntos a España para abrirse paso al ámbito internacional en la música. Henry dijo que los acompañaría, y comenzaron a hacer todos los trámites para salir de la Argentina rumbo a la madre patria, el día que se iban, era el día que el hombre llegó a la luna por primera vez. Quedaron en hacer una despedida en un lugar en Olivos, Buenos Aires llamado Copacabana. Al final de la fiesta, le comunicaron a Henry que ellos cambiaron de idea, y a pesar que ya tienen todo listo para viajar prefieren quedarse en la Argentina. Igualmente Henry tenía todo listo, y les dijo que él no cambiaría de idea, y partió solo al día siguiente con destino a Madrid.

Su llegada a Madrid, España

En el avión Henry iba pensando en el destino le esperaba allá, su aventura por el amor a la música no tenía límites para él. Perseguía sus sueños, que con mucha ilusión él percibía en el aire que respiraba, en las emociones vividas al expresarse a través de la música. Henry llegó a Madrid un 20 de julio de 1969 sin conocer a nadie, el taxi que lo recogió en el aeropuerto lo llevó a un hotel, que en realidad era una pensión donde alquiló una habitación en la que se instaló, ubicada en la calle López de Hoyos # 7, Madrid. Un día caminando por la Gran Vía, cerca del Corte Inglés en Madrid, de casualidad se encontró con un locutor amigo que siempre tocaba los discos de Henry en su programa de radio en Buenos Aires. Su nombre es Leo Rivas (el pica discos original), quien conocía mucha gente del medio artístico en España. Fue una alegría mutua ese gran encuentro, que se pasaron horas charlando. Inmediatament Leo le consiguió a Henry un contrato para cantar en el "Rincón del Tango" situado en la calle Jardines #3, donde compartía el escenario con Alberto Cortés, Carlos Acuña y una chica que cantaba las canciones de Atahualpa Yupanqui llamada Maya. Henry en Madrid contactó al empresario Paco Bermúdez, quien era el representante del cantante Raphael, tenía su oficina en la calle José Antonio 110. Henry fue a verlo, éste lo recibió y lo refirió a un gran productor de su corporación que lo llevó a trabajar a la ciudad de Vigo en Galicia, donde debutó en el "Bunny Club", un lugar para jóvenes donde cantaba en la tarde y en la noche. Henry se estuvo presentando por 15 días consecutivos con muy buena acogida por el público juvenil. Su voz y su talento se empezaron a dar a conocer en España. De regreso a la capital española Henry cantaba todos los días en el "Rincón del Tango" en Madrid. El gerente era un músico argentino que lo llamaban "Tranquilino" de sobrenombre, quien hizo una linda amistad con Henry y no quería que se regresara a la Argentina. Ya habían pasado seis meses que Henry estaba cantando en ese lugar, al público que asistía les gustaba mucho el artista, porque siempre acudían a sus presentaciones. En el transcurso de ese tiempo, Henry había conseguido contactos por intermedio de un amigo cantante argentino llamado Valentino, quien vivía desde hace tiempo en Madrid. Henry firmó un contrato para grabar un disco en España, y además otro para trabajar en el cine español como parte del elenco en un par de películas españolas. Con todas las oportunidades abiertas que Henry había logrado, decidió regresar a la Argentina para vender su departamento en Buenos Aires, arreglar las cosas y volver con la familia para radicarse definitivamente en España. Su representante en Madrid no quería que Henry se vaya a Buenos Aires, porque temía que no iba a volver para cumplir con los contratos que había adquirido en Madrid. Él le contó a Henry que algunos sudamericanos que vivieron en España, prometieron regresar y no lo hicieron jamás. Henry le dijo que no se preocupe que él se compromete a volver en el tiempo estipulado para cumplir con todos los contratos, sin imaginarse que la vida le tenía marcado un destino diferente al que él ya tenía planificado en Europa. El 20 de diciembre del mismo año regresó a Buenos Aires, resuelto a arreglar las cosas para volver a España y radicarse ahí.

Sus viajes a USA, México y Colombia

USA.- Un 4 de diciembre, el día en que celebraba su cumpleaños, fue cuando decidió irse a New York, ya que quería conocer la ciudad de los rascacielos, la capital del mundo, la Gran Manzana como se la conoce, y además debía hablar con un productor. En ese tiempo Henry tenía otro pasaje para ir a México, país que desde muy jovencito lo supo influenciar por sus tradiciones y su música en su manera de cantar, a medida que pasaba el tiempo se fue formando y desarrollando como artista. Henry viajó desde Madrid a New York el 10 de diciembre de 1969 llegó al Aeropuerto J. F. Kennedy, y cuando llegó al hotel se dio cuenta que olvidó reclamar su guitarra, al final se le perdió, ya que viajaba en dos días a México, pero antes tenía que contactarse con el creador de la FANIA ALL STARS, Johnny Pacheco, quien tenía una propuesta para que Henry Nelson trabaje para ellos. Ellos ya habían hablado en Buenos Aires cuando el Director de la Fania visitó el país del sur, después de que un artista de la FANIA ALL STARS, Pellín Rodríguez había grabado el tema de Henry Nelson "Rompamos el Contrato" convirtiéndose en un gran éxito de Billboard en Estados Unidos y en el mundo. Hablaron y quedaron en recibir una respuesta de Henry Nelson apenas llegue a Buenos Aires y lo consulte con su familia, ya que una cláusula del contrato era que Henry Nelson debía radicarse en Estados Unidos. Antes de partir de New York en el aeropuerto fue a buscar su guitarra pero no la pudieron encontrar, estaba muy apenado por eso. Aún hoy en día lamenta su pérdida, pues era una guitarra hecha por Joaquín García reconocido mundialmente como Luthier. Tenía su taller en Buenos Aires, pero al poco tiempo de ese suceso se mudó a París, donde ganó el primer premio como Luthier.

Mexico.- Henry llegó a México el 14 de diciembre de 1969, donde también estuvo dos días para visitar a su amigo, un gran cantante, primer actor y galán de México Tito Guízar, quien lo presentó con varios medios de prensa mexicana para que conocieran del talento de un gran artista colombiano que interpreta temas mexicanos, además el Director del periódico Excélsior lo invitó para hacerle una entrevista y le sacó una nota artística en el periódico de esa ciudad. Después de terminar de hacer prensa en varios medios de comunicación de México y con propuestas para volver, partiría a Colombia, su tierra natal.

Colombia.- Después de diez años que Henry dejó su país para cumplir su sueño de ser cantante, finalmente volvió a pisar tierra colombiana, él dice que sintió una inmensa emoción que nunca antes había pensado que podría sentir, parecía como si su corazón se le fuera a salir del pecho. Al llegar a Bogotá buscó a sus familiares pero muy pocos vivían ahí. Luego viajó a Cali, y la mayoría se habían ido a Estados Unidos, solo encontró a sus familiares que vivían en Armenia donde volvió a revivir tantas añoranzas y compartir con ellos la dicha de haber vuelto. Durante el tiempo que estuvo en Colombia contactó a gente del medio que lo conectaron con productores *y le propusieron trabajar en su estancia por Colombia. Después de cumplir contratos de trabajo con Jorge Barón Televisión, y cantar en varias ciudades de su querida Colombia partiría de regreso a Buenos Aires.*

El Accidente
"Henry Nelson enfrenta a su destino"

El 20 de diciembre de 1969 regresó a Buenos Aires, resuelto a arreglar las cosas, y así poder volver a España para radicarse con su familia. Era verano en la Argentina, Henry alquiló una casa en San Clemente del Tuyú por dos meses para pasar el verano de vacaciones y despedida a la vez mientras arreglaba todo lo pertinente para irse a radicar en España con su familia. Eso fue en febrero 1 de 1970. Dejó a su familia instalada en la costa y regresó a Buenos Aires al siguiente día, ya que precisaba hacer unos trámites, por lo que volvería el martes a San Clemente. Ese lunes 2 de febrero cerca del mediodía salió en su auto para Buenos Aires. Ya estaba cerca de la ciudad de La Plata como a las tres de la tarde, cuando de repente un auto que venía en sentido contrario se salió de la ruta y chocó con el auto de Henry. Él nos cuenta: "Que sintió un fuerte golpe, después, como si lo licuaron en un gran recipiente y no supo nada más, solo quedó inconsciente". Cuando despertó escuchó una voz que decía: ¡Este hombre está muerto! Henry creyó que se había muerto el otro conductor, entonces levantó la cabeza y escuchó otra voz que decía: ¡No, está vivo! ¡Está vivo! Henry había quedado atrapado entre los hierros retorcidos de su auto, los bomberos no sabían cómo rescatarlo por miedo a lastimarlo más, hasta que sacaron la puerta y los paramédicos lo llevaron en camilla a la ambulancia. Lo trasladaron al hospital Melchor Romero que quedaba cerca de la ciudad de La Plata, donde estuvo diez días entre la vida y la muerte, otra vez solo, en un hospital luchando por sobrevivir a los golpes que la vida lo tenía acostumbrado. Henry salió de cuidados intensivos y lo trasladaron a la sala de recuperación. La familia no supo de él por tres días, estuvieron muy preocupados, tratando de averiguar, ya que en esos tiempos las comunicaciones eran escasas, hasta que la policía encargada del caso del accidente de tránsito pudo contactar a sus familiares. Su familia fue a buscarlo al hospital y decidieron trasladarlo a la ciudad de Buenos Aires, donde se agravó, porque aún estaba muy delicado, y lo internaron en la Cruz Palermo, donde lo atendieron de inmediato debido a su estado, los médicos no daban muchas esperanzas. Henry tenía fracturas, hematomas por todo el cuerpo, cortes en todos lados de la cabeza, y en el rostro. La recuperación iba a ser muy lenta ya que debía someterse a muchos tratamientos y cirugías. A los dos meses empieza a recuperarse, enyesado y lastimado en todo el cuerpo, le dan el alta para regresar a su casa.

El Sueño de Henry Nelson de radicarse en España

Henry estuvo en recuperación alrededor de cuatro meses, y para ese entonces el sueño de irse a vivir a España se postergó para siempre, porque con el accidente entendió que su destino era quedarse en la Argentina. Henry recordaba lo dicho por su productor en España de que pensaba que no iba a regresar. El accidente cambió radicalmente su vida. Le afectó tanto en la parte emocional como en la artística. Henry fue afectado psicológicamente, ya que cada vez que se duchaba sentía como que le caían vidrios en la cabeza, le parecía ver cuando chocó con el auto. Revivía aquel catastrófico momento y no podía conseguir el equilibrio, no dormía por las noches y la depresión lo invadió, porque anímicamente no andaba bien. Henry ya no quería cantar más, le preocupaba lo que iba a ser de su vida y de su familia. Lo dominaba la incertidumbre y no sabía cómo encarar la situación en que se encontraba desde ahora en adelante. El tiempo pasaba, se fue recuperando poco a poco gracias a la esperanza de hacer música, que le daba sentido a su vida, y aunque fue mejorando físicamente, la parte anímica estaba bastante desanimada, perdió mucha confianza en el ámbito musical que lo sumergió en un laberinto sin explicación alguna, de donde no podía salir para recuperar su alegría, y el tiempo perdido sin poder hacer lo que más amaba "MÚSICA".

Su Regreso a los Escenarios
de Buenos Aires

Su amigo Miguel Angel Robles, lo llamó para ir a cantar juntos, en un lugar llamado "El Establo", en Buenos Aires. Henry no quería ir por nada del mundo, tenía las secuelas del accidente, estaba muy deprimido y no tenía ganas de cantar, pero Miguel insistió tanto que al final lo fue a buscar a su casa, le dijo que no se iba sin él. Así fue que trabajaron juntos esa noche. Henry al sentir los aplausos que despertaban sus canciones dentro del público se entusiasmó nuevamente. Trabajó en ese lugar por espacio de un año y empezó la época de cantar en los Café Concert. Trabajó con un cómico importante en la Argentina llamado Jorge Corona, presentaban un espectáculo junto con Paco de Arriba. Trabajaba la temporada de verano en la costa, y el invierno en Buenos Aires. Cuando ya pudo andar por sus propios medios volvió a intentar en la compañía grabadora C.B.S. donde había grabado sus dos discos de música tropical. Empezó a componer varias canciones de las cuales "Una canción a Paulina" le abrió de nuevo las puertas en el ámbito musical en la Argentina, sobre todo en el ambiente de la música folclórica. Esta canción le gustaba mucho al mundo del teatro, por lo que el Director de Cine Juan José Jusil hizo el cortometraje "PAULINA" que ganó el primer premio de CINE Y CORTOMETRAJE en el año 1971.

Henry Nelson junto a Grandes Artistas Argentinos

El trío "Tequendama" tuvo tanta acogida en su primera presentación que los contrataron para que siguieran trabajando por dos años y medio en ese lugar, donde alternaban con los grandes maestros de tango como: Anibal Troilo, Julio Sosa, Roberto Goyeneche, Juan D'arienzo, Héctor Varela, Osvaldo Pugliese, Edmundo Rivero y todos los maestros de esa época. El trío cantaba la mitad del repertorio en bolero, y la otra mitad en tango. Fueron los primeros en cantar el tango "Que falta que me haces" de Federico Silva, Armando Pontie y Miguel Calo. Julio Sosa quien era gran amigo de Henry le propuso que se perfeccionara en el canto, y a Henry le gustó la idea de estudiar música. Lo recomendó con un profesor que daba clases de canto, quien tenía muchos alumnos. El era un señor mayor, se llamaba Germán de Elizalde, quien era nieto de un ex-vicepresidente argentino, tenor famoso en todo el mundo, quien había cantado con Lili Pons y trabajado con Arturo Rubistein. Germán de Elizalde cuando era joven fue profesor de Carlos Gardel. Cuando Henry se entrevistó con él para empezar a tomar sus clases, el profesor le hizo la prueba de canto como requisito, le confirmó que Henry cantaba muy bien, por ese motivo lo iba a perfeccionar en la voz. A pesar de la diferencia de edad se hicieron muy buenos amigos. A Germán le gustaba ir a escuchar cantar a Henry en los sitios donde se presentaba, se sentía muy orgulloso de él, de lo bien que cantaba y cada vez mejor. Pasaron cuatro años estudiando con él, hasta que en el año 1967 don Germán de Elizalde se enfermó de gravedad y murió al poco tiempo. Henry quedó muy impresionado con su muerte y siempre recuerda a su primer maestro de canto con el cariño infinito que le tuvo, agradecido por siempre por todo lo que de él aprendió. Volviendo a aquel tiempo, en los inicios de su carrera musical, Henry siguió tocando puertas, esperando grabar sus canciones, que en ese tiempo ya había cambiado de temática y de ritmo.

"Qué pasa entre los dos" Henry Nelson
Disco de Oro en Brasil

La vida le empieza a recompensar su consistencia en la música, cuando como compositor, sus temas empiezan a grabarse por artistas que vendieron muchos discos como los temas "Como quiere el amor mío" y "Qué pasa entre los dos", este tema que lo guardaba para cantarlo él, ya que tenía la certeza que iba a ser un éxito total, y así fue, ese se convirtió en el tema que llenó las expectativas de su creador. "Qué pasa entre los dos" de Henry Nelson es su carta de presentación, como su cédula de identidad, no solamente fue la más vendida en la Argentina, también traspasó las fronteras y ha sido grabada por muchos cantantes en el mundo entero y en diferentes idiomas. "Qué pasa entre los dos", se ha convertido en un ícono del romanticismo, pasando de generación en generación, sin tener noción del tiempo. Nunca ha pasado de moda, porque la situación que transmite esa canción le sucede y le seguirá pasando a muchas parejas. Henry Nelson grabó su canción en español y en portugués. En Brasil ganó el Disco de Oro por sus ventas, y siempre en sus shows el maestro canta una parte de "Qué pasa entre los dos" en idioma portugués. Canciones como "Qué pasa entre los dos", "Como quiere el amor mío", "Muchas veces por ti lloro", y "La vida se va y no vuelve" son composiciones de

Henry Nelson, creador de infinidad de poesías convertidas en canciones, quien después de tanto esfuerzo pudo grabar sus propias composiciones, una vez que descubrieron su talento.

**En Brasil con el presentador Silvio Santos en 1972
"Qué pasa entre los dos" Disco de Oro por sus ventas.**

Henry Nelson graba su Primer Disco "Amarte es mi alegría" para el sello CBS que hoy es la Sony

*Las puertas de las grabadoras se abrieron para él. Oscar quien era el representante de Sandro, le propuso a Henry representarlo también, quien aceptó inmediatamente. Sandro era su amigo desde hacía mucho tiempo cuando grababa en el género de rock con "Los de Fuego" en la C.B.S., y Henry grababa en el género tropical. Anderle como su nuevo representante ingresó a Henry Nelson otra vez en la misma compañía grabadora donde antes estaba. El contrato se firmó a las diez de la mañana a finales de mayo. Coincidentemente a las dos de la tarde de ese mismo día, lo llamaron de otra compañía grabadora para ofrecerle que grabara con ellos. Las puertas se comenzaron a abrir para Henry Nelson, ahora tenía ofertas para elegir. Por fin, se realizó su sueño de grabar su primer tema romántico compuesto por él, **"Traté de olvidarte y no te olvido"** que también se convirtió en un gran éxito en América latina, del otro lado del disco tenía otra canción de su autoría titulada "No me tengas compasión". En el año 1972 Henry empezó a hacer giras por todo el territorio Argentino. La gente disfrutaba sus canciones, y se convirtió en el cantautor más importante de ese momento en Buenos Aires. Habían venido a visitarlo a la*

Argentina, dos amigos colombianos Hernán Londoño y Danilo Jaramillo Llano, con quienes Henry pudo compartir momentos agradables, y también ellos disfrutaron de sus actuaciones. A todo esto ya tenía su primer disco larga duración "AMARTE ES MI ALEGRIA". Las primeras canciones que se escucharon en Colombia y Ecuador fueron "Los amantes en enero", "Te reto a que me olvides", y "Debemos entendernos nada más".

Henry Nelson y Sandro cantan en el Estadio de San Lorenzo en Argentina 1973

Henry Nelson empieza una nueva etapa en su vida artística, los contratos para cantar le llueven, y viajar de norte a sur por la Argentina, ya no era un sueño más. El éxito comienza a dar frutos en la carrera musical de Henry Nelson, trabajando por largos períodos de tiempo en sus giras, en lo que mejor sabe hacer "la música". Una de las anécdotas que más recuerda es cuando le tocó alternar con su amigo Sandro en un gran concierto realizado en el Estadio de San Lorenzo, miles de espectadores que vinieron a ver a los dos artistas, un gran público que aclamaron a sus ídolos y corearon sus canciones. Dos estilos románticos en escena, para un solo público con excelente gusto musical. Un concierto realmente histórico.

HENRY NELSON Y UNA FECUNDA AMISTAD

SANDRO

1974

Henry Nelson y su hijo Henry Martin

El 5 de noviembre de 1975 nació su hijo varón Henry Martín, quien es un gran músico, compositor y poeta, toca muy bien la guitarra, además es un gran intérprete. Su hijo es un periodista que trabaja en su profesión, pero la música la lleva en la sangre por lo que formó su grupo de rock llamado "Las Hormigas suben al árbol", grabaron un disco compacto con sus amigos músicos, hasta que cada uno se comprometieron en formar sus familias y no podían dedicarle el tiempo y dedicación que se necesita para poder surgir en la música. Hoy en día, todo cambió en el ámbito musical y en el sistema de vida. Las redes sociales manejan la música de los artistas y si no eres experto en tecnología digital estás lejos de alcanzar lo que mereces. La música, la cultura y el arte, no siempre están en los intereses de algunos, lo cual constituye un problema de audiencia para cualquier espectáculo. Henry Martin ha tocado la guitarra como músico junto a su padre Henry Nelson en el Gran Concierto 50 Aniversario en el Palacio La Argentina en 2018.

Triunfador en su Colombia
querida en 1976

Henry cumple su sueño de ir a cantar a su pueblo colombiano. Llegó a Bogotá el 5 de julio de 1976, día en que sin saberlo enterraban a un hermano de parte de padre, Josué Osorio, a quien nunca conoció porque como ya es sabido, cuando murió la madre de Henry, los hermanos se fueron a vivir con sus familiares paternos. Él había perdido totalmente contacto con ellos desde que se marchó de Bogotá con el trío Tequendama, habían pasado ya diecisiete años. Un sábado a las once de la mañana le estaban haciendo un reportaje en una radio cuando de repente, una llamada telefónica le dio una gran sorpresa a Henry, el locutor atendió y le pasó la llamada diciéndole que era una persona que decía ser su sobrina Nancy Serna Osorio. Henry se puso muy contento, cuando salió de la radio se fue a ver a su sobrina, y a su madre que era su hermana Lucy la que le firmó al Juez el papel para que Henry pueda salir de Colombia, cuando aún era menor de edad. La alegría era inmensa, encontrar a Lucy después de 18 años. Henry se quedó viviendo en Colombia por algunos meses, desde julio de 1976 hasta marzo de 1977. Henry se hospedaba en el hotel Tequendama, donde se encontró con su amigo Nelson Pinedo, cantante de la Sonora Matancera, con quien había hecho amistad en Buenos

Aires cuando él vivió allá por un tiempo. Nelson Pinedo le presentó a un señor de nacionalidad argentina, quien residía en Colombia y era su representante en ese país. Henry antes de viajar a Colombia había dejado de ser representado por Anderle, ya que las ocupaciones con Sandro no se lo permitían, no tenía mucho tiempo para Henry, y decidieron de común acuerdo separar las actividades representativas, quedando en muy buenos términos con él. Sandro iba a grabar un disco nuevo y le pidió a Henry que le escribiera una canción para su nuevo disco. Él escribió dos, una titulada "Este amor sin final" y "A dónde va el amor". Sandro eligió "A dónde va el amor", Henry grabó la otra canción "Este amor sin final" en su nuevo disco que también estaba preparando. El tema tuvo mucho éxito en ese tiempo, era la canción cortina de un programa de radio dedicado a los corazones enamorados, todas las noches en Frecuencia Mil, la radio más romántica de Guayaquil en Ecuador.

Henry Nelson de Gira por Colombia y Ecuador

Henry aceptó la representación de su amigo argentino, quien le consiguió trabajo en Colombia, en las ciudades de Barranquilla, Cúcuta y Bucaramanga. Después de terminar con las presentaciones, su representante se fue a Ecuador a buscar oportunidades para trabajar allá. Tres días después, llamó a Henry Nelson porque tenía un contrato de trabajo en la Radio Tarqui de Quito. Ya la canción "Los amantes en enero", había tenido mucha repercusión. El trabajo daba para todo, pero Henry llamó a Guayaquil donde operaba la compañía grabadora C.B.S., y les sugirió que sacaran un disco con los temas: "Te daré un mañana" y "Te extrañaré mi amor, te extrañaré", el productor le respondió, que hacía tres días ya lo habían sacado con los mismos temas, y que viaje a Guayaquil urgente, con todos los gastos pagados para hacer la promoción con el artista. Eso fue lo que hizo Henry Nelson, y estuvo trabajando en las radios diez días consecutivos. Después regresó a Buenos Aires con su representante.

El Disco Más Vendido
"Según la historia disquera del Ecuador en 1977"

A los seis meses, la Disquera Ifesa llama a Henry Nelson a Buenos Aires para decirle que el disco era el más vendido en la historia disquera del Ecuador, que iban a preparar una gira por varias ciudades para la promoción del disco. Henry se sentía contento musicalmente hablando, por fin se estaban cumpliendo sus sueños de que su música se convierta en un gran legado. Era el disco número uno en ventas y un mes después, se fue a trabajar a Ecuador. Empezó en Quito en la radio que lo contrató por primera vez. El dueño de la radio era el señor Gustavo Herdoíza, quien tiempo después se convirtió en el Alcalde de Quito. Herdoíza creyó en su talento, sus canciones estaban siempre en su programa radial, también en todos los programas de su radio. La gira fue un gran éxito. Sus canciones sonaban en todas las emisoras de radio y televisoras del país, los dos temas del disco "Te daré un mañana" y "Te extrañaré mi amor, te extrañaré" no se sabía cuál de los dos temas era el número uno, eran los dos por igual, los tocaban sin parar, todo esto sucedía en el año 1977. La gira por Ecuador para Henry Nelson, fue una de las más exitosas en los comienzos de su carrera musical. Henry al regreso de su gira seguía trabajando muy bien en la Argentina. Casi todas las canciones se habían convertido en éxitos, por lo cual su repertorio era muy amplio, tenía varias canciones programadas entre las más pedidas y sonadas en las radios del país. Henry sacaba un disco y las canciones las grababan enseguida otros intérpretes. Se convirtió en el compositor de moda en América Latina, ya que los intérpretes de esa época se acercaban a pedirle sus canciones. Eran muy buscados sus temas por todos los productores y cantantes, en ese tiempo se llamaba fusilar canciones. Salía un cantautor con una canción, y ya se la fusilaron, por esa razón era más famoso como compositor que como intérprete. Hoy en día, se ha consolidado como cantautor, compositor, arreglador y productor musical, que la gente se sorprende al saber que tal o cual canción es de su autoría. Actualmente ha compuesto miles de canciones, de las cuales, muchos intérpretes le han grabado en el mundo entero, según lo demuestra la evaluación de regalías que recibe el artista por sus canciones, no solo en América latina, sino en Estados Unidos, Europa, Rusia, Japón, y en otros países del mundo entero.

Henry Nelson vuelve de
Gira al Ecuador

Su representante programó una segunda gira, de inmediato llamó a Henry Nelson a Buenos Aires para pedirle que viajara lo más pronto posible porque debía presentarse ese mismo fin de semana. Henry no tenía el permiso que otorgaba la policía de Buenos Aires para salir del país, una especie de certificado de antecedentes, por lo tanto consiguió el permiso para poder viajar. Finalmente, el jueves al medio día llegó a la ciudad de Guayaquil, Ecuador. En el aeropuerto lo esperaba su representante, llegaron al hotel, le dieron su habitación y luego salieron a comer. Ese mismo día en la noche se presentó en un lugar clásico de la ciudad de Guayaquil. Al siguiente día y durante todo el fin de semana culminaron presentaciones en varias ciudades del país como Chone, Portoviejo, Manta y Bahía. En ese tiempo el cantante español Danny Daniel estaba haciendo una gira por Ecuador, y su representante le ofreció trabajar juntos en Santo Domingo de los Colorados, hoy Santo Domingo de los Sachiras. Después de terminar la gira Henry se dirigió a Bogotá, con el fin de visitar a sus familiares en Colombia. Desde ahí se contactó con productores de televisión como Jorge Barón, Jimmy Salcedo, y con el de Espectaculares Jes. Logró trabajar con ellos una buena temporada con mucho éxito, para después partir de regreso a Buenos Aires. En esos momentos ya había terminado la relación con su representante, por malversación de fondos y estaba él solo dirigiendo su carrera. Pasado un tiempo lo llamaron para trabajar en México, ya que había tenido gran acogida en los medios de comunicación la primera vez que visitó ese país. Henry le comentó a un amigo lo de la propuesta, a lo cual él se ofreció acompañarlo como su representante, y desde ese día él se encargaría de arreglar los contratos con los productores de México. Las circunstancias cambiaron cuando lo vuelven a llamar de Ecuador para otra gira que no podía esperar, ya que su música estaba de moda y todos querían escuchar al artista en vivo. Con su nuevo representante arreglaron para irse al Ecuador y presentarse en varias ciudades como Quito y Guayaquil, entre otras. Desde ahí partirían hacia México como lo acordó con su nuevo representante para cumplir con los compromisos adquiridos. Hicieron todas las presentaciones, pero surgió el inconveniente de que su nuevo representante desapareció en la última presentación, y Henry no pudo saber que pasó hasta un tiempo después que le contaron cómo era su forma de representar a los artistas. Los pasajes con destino a la ciudad de México se perdieron porque Ecuatoriana de Aviación había quebrado en ese lapso de tiempo, además los que contrataban no ofrecían nuevos pasajes, y el dinero de la gira lo manejaba el representante desaparecido. Por lo que el viaje a ciudad de México no se realizó por culpa del representante de Henry Nelson, quien tuvo que dar la cara para justificar porque no podía viajar a México. Finalmente consiguió un contrato para cantar en la ciudad de Chone, Manabí. Al cumplir con la presentación regresó a la Argentina, sin saber el paradero de su representante. Tiempo después

Henry estaba en una videoteca buscando comprar una película, y de repente se topó con un tipo que lo observaba, él se acercó y le preguntó si era Henry Nelson, le dijo que sí, de momento, él pronunció el nombre de su ex-representante, preguntando si lo conocía. Henry comentó que hizo una gira por Ecuador con él, pero nada más. Resultó que al tipo lo habían asesinado de cinco tiros en la ciudad de Milán, Italia. Su muerte pareció ser premeditada ya que lo habían estado buscando y estuvo por 15 días escondido en un hotel. Después del incidente con su representante, Henry abandonó por un tiempo las giras, no significaba que abandonaría la música. La música estaba tan dentro de él, que nunca podría dejarla. Su primer arreglador fue Juan Carlos Cirigliano cuando cantaba las cumbias. Juan Carlos, quien es el maestro de todos los grandes músicos de Argentina, profesor de muchos de los grandes artistas como Alejandro Lerner, Lucho González, y tantos más, que sería muy larga la lista. Henry se encontró con él de casualidad, le preguntó si le podía enseñar a leer y escribir música, ya que todo lo que hasta ese momento había hecho fue de oído. Siempre tuvo esa cualidad intuitiva muy aguda, tocaba la guitarra pero no sabía ni una nota. Juan Carlos le respondió que sí, entonces arreglaron para ir a hablar en su estudio donde enseñaba, para ponerse de acuerdo en cómo serían los horarios para aprender a leer y escribir musicalmente. En una ocasión Henry Nelson estaba conversando con un amigo artista, cantante Bebe Muñoz, en un famoso bar de la cuadra de la Sociedad Argentina de Autores y Compositores SADAIC, y le comentó que estaba vendiendo un piano, justo lo que él estaba buscando para aprender música, era un piano exactamente lo que precisaba para poder empezar.

Diez Años de Estudios de Música

Una mañana Henry quedó en que iría a ver el piano que Bebe vendía, si era lo que él buscaba se lo compraría, dos días después Henry ya tenía el piano en su casa. Cuando el cantante Bebe Muñoz se lo ofreció, le había dicho que ese piano era mágico, claro que fue en tono de broma, y un poco en serio. Henry se aficionó tanto, que no podía dejar de practicar en él todos los días, pues nunca había estudiado música, ni tampoco el piano. Juan Carlos Cirigliano se convirtió en su maestro de música. Después vendría lo de aprender a tocar el piano. Noemí Lomanto la esposa de Juan Carlos fue su primera maestra de audioperceptiva. Lo realizó con tantas ganas que Henry aprendió a leer y escribir música en seis meses. Luego fue Juan Carlos el encargado de enseñarle armonía, contrapunto, orquestación y conducción de las voces. Estudió varios años con él, así fue que empezó a hacer sus propios arreglos para sus canciones. En ese tiempo, en la Argentina se vivía un momento político muy difícil, estaban los militares y eran tiempos de bombas, secuestros, asesinatos y muerte todos los días. Henry tomó muy en serio las clases de música y con mucha responsabilidad, por lo tanto, no faltó nunca a sus clases. El barrio Constitución era, y sigue siendo un barrio muy pesado, especialmente en la plaza, siempre había problemas. Para Henry era muy complicado llegar a tomar sus clases, porque tenía que pasar por ahí, pues el profesor vivía en el barrio de Barracas, él tenía que hacer un rodeo para poder asistir a estudiar. Su maestro siempre comentaba ese detalle, que nunca faltó a ninguna clase. Henry estaba muy entusiasmado con todo lo que estaba aprendiendo. Sus primeros arreglos fueron para un disco titulado "Latinoamericano". Después hizo muchos arreglos para distintos artistas argentinos. Dos discos para Pepito Pérez; uno para Pirraco y Marina; dos para Carlos Ríos; tres para Daniel Rodrigo; dos para el Cuarteto Esmeralda; uno para Mercedes Maldonado; "Decidí ser feliz" y "Vamos Mundo", para Connie Torres, y sus discos compactos actuales como: "Mis Mejores Canciones" "Caminito de Luna", "Soy el último romántico", "Henry Nelson Ardiente y Pasional", y el más reciente "Mis mejores trabajos en Pandemia". Me siento muy orgullosa de ser su representante, y que el maestro me haya producido dos discos compactos, en los que incluye diecisiete temas de grandes compositores y tres canciones de mi autoría junto al gran Henry Nelson como compositor, director y productor musical. Escuchando sus arreglos se puede apreciar que es un grande de la melodía, muy sensitivo, con muy buen gusto, se nota que es un maestro en el arte musical. Estudió para arreglar cuerdas, que comprende: violines, violas, cellos y contrabajo con José Bragato, quien transcribió la música a Astor Piázzola. También estudió cancionística en la Sociedad de Autores y Compositores de Música en Buenos Aires. Henry Nelson nunca dejó la música, fue al contrario, siempre estuvo haciendo música y se fue perfeccionando con los años, hoy por hoy, es uno de los músicos más importantes de la Argentina y de Latinoamérica. Siguió estudiando canto, tres veces por semana. El público que lo ha escuchado recientemente, comenta que canta mejor que nunca, y es cierto, doy fe de *eso. Henry toca varios instrumentos: la guitarra compañera inseparable en sus shows, piano, bajo y percusión. Siempre siguió grabando y componiendo música en su estudio en Buenos Aires. Es un gran lector, ha leído mucho sobre literatura Griega, casi todos los filósofos: Homero, Sócrates, Empedócles, clásicos y contemporáneos, ciencia ficción y todo tipo de libros que aporten cultura general. La lectura también es parte de su vida como su música.*

Henry Nelson y su Estudio
de Grabación

En el año 1985 Henry tenía un amigo, quien era el hijo de Julio Bovea y sus Vallenatos, y le debía 500 pesos que Henry se los prestó. Después de un tiempo lo llamó para pagarle pero como no tenía dinero le ofreció darle un porta estudio, un grabador pequeño de cuatro canales para cubrir su deuda. El mismo le vendió una cámara de efectos y un micrófono. En ese tiempo Henry empezó a montar su estudio de grabación. Compraba cada vez que podía algún aparato para empezar armar su estudio. En el año 1998 por fin logró terminarlo, lugar que a la presente fecha es donde él más tiempo pasa grabando sus canciones, y haciendo producciones para nuevos talentos. Su estudio de grabación es el lugar donde ha puesto en práctica todas las técnicas musicales que aprendió, ya que ahí encuentra su paz interior, y es su sitio de trabajo donde nacen todos los arreglos para sus hermosas composiciones.

Henry Nelson de Gira por Ecuador en el 2000

En el año 2000 lo llamó un empresario argentino que vivía en Ecuador para que fuera a trabajar en Quito, Ecuador. Varias presentaciones en la capital del Ecuador, que se extendió por algunas ciudades de la sierra como Cuenca, Ibarra y Loja. Después de una pausa en los 90s mientras estudiaba música y construía su estudio de grabación Henry Nelson retoma las giras y nuevamente empezó a viajar, y a cantar en sus presentaciones en el exterior. El público emocionado con su regreso, cantaba sus canciones, se notaba que lo extrañaban en los escenarios. Henry Nelson le agradece al público del Ecuador por tanto amor y el valor que le dan el gran esfuerzo que un artista invierte en hacer una canción. Actualmente, Henry Nelson tiene un estudio de grabación de élite digital y moderno importado desde Estados Unidos. Incluso renovó su estudio con un nuevo toque de diseño y colores que le dan vida al lugar. Las paredes son de tonos alegres adecuadas para inspirarse en donde él pasa la mayor parte del tiempo creando música. Henry Nelson en la Pandemia Covid-19 es cuando más ha dedicado su tiempo a trabajar en su estudio de grabación, componiendo, grabando nuevos temas y haciendo nuevos videos musicales para su público que están ansiosos por escuchar sus temas en su nuevo canal de Youtube.

¿Cómo Henry Nelson
compone una canción?

"Nos cuenta Henry Nelson que escribir una canción es un proceso complicado, que toma mucho tiempo y concentración: Primero, buscar el tema, y lo que se quiere decir, aunque sea una vivencia personal, hay que contarla de la manera más agradable para llegar al público, y así puedan identificarse con la historia. Luego viene la parte musical que tiene otra complejidad, la melodía debe tener variedad y buen gusto para estar acorde con lo que expresa la letra, y así pueda transmitir el mensaje completamente. Hay canciones que se han hecho con magia y en minutos, como una de mis canciones más famosas "Qué pasa entre los dos", la escribí en apenas 10 minutos. Hay otras canciones, que por lo general no tienen tiempo, es decir, se comienza cuando la inspiración llega y se termina cuando la inspiración culmina. Luego viene el asunto de la grabación, que es una ardua tarea de largas horas y días. A los artistas de hoy se les hace difícil poder grabar. En los tiempos de antes una compañía disquera pagaba los arreglos, los músicos, daban difusión y además un porcentaje de las ventas. Si bien era poco lo que daban, al menos los artistas grababan porque había promoción. En las radios decían por ejemplo: Cantó tal artista, o cual tema de fulano de tal, y

nombraban al compositor y al cantante, así la gente estaba informada. Hoy en día, el artista que no tiene como costear los gastos de grabación no puede producir una canción. Mi característica es realizar un buen trabajo, tanto en arreglos, como en el sonido. Un estudio cuesta alrededor de cien dólares la hora, para grabar una sola canción se necesitan de 20 a 30 horas de grabación. Se imaginan el tiempo que tomaría grabar todo un disco compacto completo. El mercado musical ha cambiado completamente. Ya no se vende la música como antes, la mayoría de los fanáticos bajan la música gratis en Youtube, y muy pocos compran las canciones en las plataformas digitales. Hoy en día las canciones se promueven a través de las redes sociales y las plataformas como Youtube, Spotify, Apple Music etc. etc. El mundo moderno nos tiene atrapados, y con el asunto de la pandemia del Covid-19, la música y los artistas hemos sido severamente puestos en pausa".

Películas, Obra de Teatro y Cortometrajes

En la película "Under the same moon" (Bajo la misma Luna), filmada en Los Ángeles e interpretada por Kate del Castillo y Eugenio Derbez, la canción "Qué puedo hacer" compuesta por Henry Nelson e interpretada por Pepito Pérez fue parte del elenco musical. En la película "Crimen en el hotel alojamiento", las canciones "Amarte es mi alegría" y "Somos culpables", compuestas por Henry Nelson, formaron parte musical de esa producción cinematográfica. En 1986 se estrenó el cortometraje "PAULINA" dirigido por Juan Jose Jusid, ganador del Primer Premio en Cortometraje con el tema de Henry Nelson "Una canción a Paulina". Henry Nelson, fue el director musical de la obra de teatro "Malvinas, memorias de un recuerdo", que se estrenó en Buenos Aires en mayo del 2014.

Henry Nelson "Gira New York y New Jersey, USA 2004"

Henry Nelson volvió a cantarle a su público en la ciudad de New York, producido por René Angel Producciones. La terna fue extraordinaria Henry Nelson, Alejandro Jaén, Rudy La Scala, Emilio José y Silvana Di Lorenzo, en un Super Concierto del Amor realizado en el Teatro Natives de Queens, y en el Teatro Ritz de New Jersey. Dos conciertos con un elenco de primera, super románticos que dejaron maravillados al público latino en los Estados Unidos.

"Henry Nelson, Galy Galeano y Jinsop en el Coliseo Rumiñahui de Quito, Ecuador 2004"

Después de volver de New York, lo llamaron de Ecuador para presentarse en la ciudad de Quito, junto a Galy Galeano y Jinsop en el grandioso "Coliseo Rumiñahui" donde asistieron quince mil personas. Después de ese gran éxito, en el mismo año lo volvieron a convocar y consiguió contrato para cantar en varios escenarios de la costa ecuatoriana.

El Disco Compacto
"Caminito de Luna 2006"

Al volver a Buenos Aires se dedicó a grabar nuevas canciones, para terminar su más reciente disco compacto titulado: "Caminito de Luna". Esta canción cuando se la escucha por primera vez, ya nunca se la puede olvidar. Son de esas canciones que impactan desde principio al fin, este tema está teniendo éxito en Estados Unidos, ya que se la piden en todas sus actuaciones. Otro de los temas que tiene todos los matices para ser un gran éxito es "Canción de Olvido", un tema extraordinario, es completo, letra, música y arreglos hecha a la perfección para el gusto de todo público. Un tema que debería de estar en las estaciones de radio sonando, por respeto a la música y por amor al arte. Después de haber grabado el disco compacto "Caminito de Luna", inmediatamente grabó un nuevo disco compacto llamado "Mis Mejores Exitos", donde incluye todos sus éxitos con el sonido digital, pero con los arreglos originales, para no sacarles su esencia, esa que les gusta a sus seguidores. Antes había hecho el mismo trabajo, pero con otros arreglos, pero Henry Nelson se dio cuenta que a la gente les gustan sus canciones con los arreglos originales, y así es, que él continua en ese gran trabajo con todas sus canciones. Henry Nelson está vigente, componiendo y grabando nueva música acorde a la época actual pero conservando su sello romántico. Henry Nelson está enfocado en hacer lo que más le gusta en su estudio de grabación, crear más canciones como símbolo de amor en honor al romanticismo.

Henry Nelson una Leyenda Viviente

En el año 2011 la vida artística de Henry Nelson vuelve a cambiar de nuevo, los hilos del destino lo pusieron en contacto con su nueva representante artística. La historia empieza por mi afición desde muy niña a la música romántica. Conocía la trayectoria musical de Henry Nelson, desde mi país, Ecuador, coleccionaba todos sus discos y tenía el sueño de escucharlo cantar sus maravillosas canciones en vivo. Por coincidencia de la vida, yo tenía contactos con empresarios que hacen eventos artísticos en Estados Unidos. Todos los cantantes de esa época habían venido a cantarle a la comunidad latina, incluso Henry Nelson, que sí había estado en escenarios de New York y New Jersey con otros productores que yo desconocía y nunca me enteré, y creo que a muchos de sus fanáticos les pasó lo mismo, ya que la gente me preguntaba ¿cuándo viene Henry Nelson a Estados Unidos?, yo les decía eso a los empresarios, que trajeran al gran cantautor colombiano Henry Nelson, un gran ídolo romántico, amado y respetado en todo el mundo, pero en especial en Ecuador que lo adoptamos como ciudadano ilustre, y quien había estado desaparecido del medio artístico por un tiempo. Hasta que un día por fin pude contactarlo. En ese tiempo yo estaba preparando la publicación de mi primer libro "Decidí ser feliz", por ese motivo, y porque también pensaba asistir a un Concierto, tenía que viajar a Buenos Aires, para contactarme con una periodista que me iba a recomendar con una Editorial Argentina para la publicación de mi primer libro. Las cosas no salieron como esperaba, no se pudo hacer nada con lo del libro allá, ya que solo estuve por unos días, y el tiempo era muy corto para las diligencias que amerita todo lo concerniente para publicar un libro, pero sí tuve la oportunidad de contactar al maestro Henry Nelson, y hablamos de la posibilidad de que vuelva a los escenarios, empezando en la ciudad de New York. Henry Nelson como ya antes había dicho, no quería cantar hasta no conseguir un buen representante en quien pudiera confiar, pero igual seguía haciendo música, según él, para dejar su gran legado musical a sus fanáticos del mundo para cuando ya no estuviera más entre nosotros. Conversé con Henry Nelson, le hice saber que su música está vigente, que su público espera verlo en los escenarios para deleitarse con sus hermosas canciones de antes, y su nuevo repertorio musical. Al final de la conversación, me dijo que lo iba a pensar. Días después de haber regresado a New York, me llamó y aceptó la propuesta de trabajo, con la condición de que me convirtiera en su representante artística. Fue cuando empecé a trabajar con mis contactos para que Henry Nelson regrese a los escenarios de Estados Unidos, empezando en la ciudad de New York en 2012 hasta la presente fecha seguimos trabajando con las giras a lo largo de la unión americana, y en países de Latinoamérica, exceptuando los años de la Pandemia del COVID-19 en la que estuvimos encerrados.

Henry Nelson Gira
"Un Verano en New York 2012"

Henry Nelson volvió a los escenarios de la ciudad de New York por la puerta grande. Una gira de dos meses que abarcaría varias ciudades dentro de los Estados Unidos. Empezamos con "El Concierto Día del Padre", en el Teatro Boulevard de Queens, en donde deleitó a su público que lo esperaba para aclamar, aplaudir y corear sus canciones, un concierto de hora y media de duración, acompañado con los originales músicos de los Cuatro Soles de Argentina. En la siguiente semana el Concierto Romántico en Sabor Latino, en el mejor club nocturno de los hispanos en New York, en especial de la comunidad ecuatoriana, galardonado con el Premio Noticiero Universo N.Y. 2012 por ser el mejor lugar de diversión en eventos sociales, artísticos y culturales. Henry Nelson, presentó a su público sus canciones que ya todos conocen y cantaron junto a él, también interpretó algunas de sus nuevas canciones incluidas en su más reciente disco compacto Caminito de Luna. Para culminar la gira con presentaciones en ciudades como New Jersey, Connecticut, y Pennsylvania.

Henry Nelson Gira
"Otoño en New York 2012"

En noviembre de 2012 Henry Nelson volvió a New York para cantarle al Club de Fans de Colombia en New Jersey, exclusivamente en un Concierto Privado en West New York, New Jersey en un local exclusivo, cantó para un público selecto de hispanos y anglosajones, con una maravillosa vista de la ciudad de New York al frente. Un público que lo aclama emocionado. Esa misma noche del sábado, la Presidenta del Club de Fans de Colombia, Elisa Restrepo le hizo entrega de un pergamino en reconocimiento a su trayectoria musical. El mismo día, en la tarde la Junta Cívica de Guayaquil en N.Y. le entregó un reconocimiento por su trayectoria artística. El viernes 23 de noviembre Henry Nelson fue el invitado Internacional a la II Entrega de Premios Universo, New York 2012. Henry Nelson cantó a capela, una de sus canciones más populares en el Ecuador "Te daré un mañana", junto con el público que terminó cantando con él, fue realmente un momento inolvidable. Por último le hicieron entrega de un reconocimiento por su trayectoria artística y por su participación en el evento. A la semana siguiente, Henry Nelson en Concierto en Sabor Latino, el mejor Night Club de New York, el evento estuvo espectacular, el auditorio estuvo a rebasar, el público emocionado hasta las *lágrimas coreando sus canciones, incluso hubo fanáticos que condujeron desde Ontario, Canadá. Conversamos con ellos y nos contaron que les tomó muchas horas manejar hasta la ciudad de New York, pero que no importaba con tal de ver a su ídolo.*

Henry Nelson Gira
"Primavera New York 2013"

En mayo de 2013 Henry Nelson volvió a los escenarios del área de los tres estados para cumplir con compromisos adquiridos en las ciudades de New York, New Jersey y Connecticut, para cantar exclusivamente en homenaje por el "DIA DE LA MADRE". Un gran primer concierto en "Sabor Latino", el Club Nocturno más famoso del área de Queens, New York. Para continuar con su segundo concierto en New Jersey, y para culminar con el tercer concierto en Connecticut. Además de cumplir con muchos compromisos con la prensa en Estados Unidos, como es costumbre cada vez que está de gira por el país. Con su regreso a los escenarios desde el 2012 nos demuestra que sigue vigente, y que Henry Nelson, cantautor y músico extraordinario, ícono de la música romántica, es un grande en tarima y fuera del escenario. Su historia musical está grabada en todas sus composiciones.

La Historia de Henry Nelson
contada en un libro

*El libro "Soy el último romántico", escrito por Connie C. Torres publicado en la Edición del año 2013 fue inspirado en la vida artística y personal del artista, el nombre lo sacamos de uno de sus primeros temas donde narra su historia personal y artística, además coincide con que Henry Nelson fue uno de los últimos románticos que grabó sus primeros discos. En la actualidad estás leyendo la nueva versión **"Venciendo al Destino"** la "Impactante Historia de Henry Nelson 2022", escrita por Connie C Torres, "renovada y actualizada", el nuevo título y portada está inspirado en la misma historia de la vida real del artista, pero contada como una novela desgarradora que es la vida de Henry Nelson, un poeta y soñador, el eterno romántico que nos canta por amor, y que nos relata el sufrimiento y las desventuras de un ser humano lleno de luz, que la vida castigó duramente pero que al final logró vencer todas las adversidades y encontró el camino hacia su felicidad, y el éxito anhelado en su carrera artística.*

Henry Nelson presenta
"Soy El Último Romántico 2014"

En el año 2014 en el Teatro Boulevard de New York nos presentó una exclusiva de su más reciente producción titulada "Soy el último romántico", una edición especial para la prensa y amigos del medio artístico, un nuevo disco compacto con temas como: Soy el último romántico, Amor profundo, Trigo Rojo, Promesa, Pregunta, Cómo tú, Te quiero solo mía, Pregunta, Lucía, etc.. Un excelente trabajo profesional de Henry Nelson, quien es el autor y compositor de todas las canciones excluyendo a Lucía y Como tú. La producción ha sido catalogada como una de las mejores del famoso cantautor por parte de los medios de comunicación, y del público en general en los Estados Unidos. Henry Nelson canta mejor que nunca, con más fuerza y una voz potente con la que deleita a su público con sus canciones de siempre, y además con nuevo repertorio. En el público siempre salen comentarios como: ¡Qué impresionante voz!! ¡Henry Nelson canta mejor que nunca!!

Henry Nelson Ciudadano Ilustre del Ecuador en USA

En la noche de la presentación de su nuevo CD. "Soy el último romántico", Henry Nelson fue distinguido como CIUDADANO ILUSTRE DEL ECUADOR, por sus 50 años de trayectoria musical, además por considerarse un ídolo para los ecuatorianos dentro y fuera del país. La placa se la otorgó el Cónsul del Ecuador en la ciudad de New York, Jorge López.

Henry Nelson y Leo Dan coinciden en la gira USA 2014

En octubre 2014 Henry Nelson y Leo Dan comparten tarima en el Masonic Center de Tampa, Florida. Henry Nelson y su equipo de trabajo viajan a la Florida desde New York, a la semana siguiente de haber presentado un show espectacular en el SCHUETZEN PARK, New Jersey para Granoble Entertaiment. Al siguiente día de la presentación en Tampa, vuelve a New York para presentarse en un show espectacular en D'Antigua, New York, y luego viajar a Pensilvania para culminar la gira USA 2014.

DIARIO DEL ESPECTACULO

EL VESPERTINO 15
Jueves, Marzo 30 78

Historia del Cine Colombiano por T.V.

Colombia tiene una historia muy variosa, muy larga pero por un largo tiempo truncada, como productor de cine. Y en nuestro país, cuando en otras naciones prácticamente se desconocía lo que era hacer cine, el séptimo arte contenió hace varios decenios, cuando eran niños o apenas unos muchachos los abuelos y bisabuelos de hoy.

La del cine nacional es una historia muy interesante y muy viva. Y que hoy adquiere extraordinaria singularidad, cuando en circunstancias como las presentes parece que renace la industria fílmica colombiana y que cobra un impulso a la altura de estos tiempos y de las exigencias actuales.

"La Pequeña Historia" de esta semana está dedicada a los orígenes del cine colombiano y a la historia, en fin, del cine nacional, con sus películas, sus personajes y artistas.

Resulta, pues, un programa del más vivo interés y a no dudarlo todo un espectáculo, el que por la segunda cadena de Inravisión ofrece mañana viernes, de 8.30 a 9 de la noche, "La Pequeña Historia", bajo la dirección de Hernán Castrillón Restrepo y con Alonso Moncada como presentador y Hernando Martínez Pardo de director de cámaras.

La del cine nacional es una historia con mérito para ser contada y vista con toda la amplitud necesaria y constituye, por tanto, no un episodio sino un extenso, novedoso y atractivo capítulo que merece toda una serie que esperamos seguir viendo en sucesivas programas de "La Pequeña Historia", los viernes.

Cartelera

CINEMATOGRAFISTAS

Henry Nelson presenta
Ópera en Buenos Aires 2014

Henry Nelson compuso la música de la ópera "MALVINAS, RECUERDO DE UN OLVIDO" que se estrenó en Buenos Aires a fines de 2014. Además grabó una nueva producción musical "Henry Nelson, Ardiente y Pasional", que tenía pendiente para su público amantes del tango.

Henry Nelson Gira
"Verano USA-Ecuador 2015"

La gira empezó el 4 de julio por varias ciudades de los Estados Unidos, en la ciudad de Easton, Pennsylvania. Luego el Gran Concierto en D'Antigua, Queens, New York y culminando en Connecticut. Grandes momentos de deleite de parte de su público que lo espera y lo aclama siempre que regresa a Estados Unidos, su plaza de trabajo más importante en estos momentos.

Henry Nelson en el Festival del Yamor
Otavalo, Ecuador 2015

Con mucha alegría vuelve al Ecuador del 2 al 14 de septiembre de 2015 en un grandioso Festival celebrando la Fiesta del Yamor en Otavalo, Un gran Concierto Internacional donde compartió tarima con Danny Cabuche, Darwin, Sahiro y otros. Un público sensacional, más de 8000 personas coreando las letras de sus canciones, realmente fue un espectáculo maravilloso, ser testigo del amor del público hacia su artista, y saber que aún está presente en los corazones románticos de esa ciudad que siempre lo recuerdan y escuchan sus canciones. En Guayaquil se reencontró con su público en el espectáculo de HENRY NELSON en "Punta del Este", un concierto tan esperado, con un público exquisito, viajaban desde Quito, Manta y hasta de Italia vinieron para escucharlo en vivo, y conocer al artista detrás del escenario. La gira culminó con varios shows en otras ciudades del país, para después partir a cumplir compromisos en la Argentina.

Henry Nelson Gira del Amor
USA/Ecuador 2016

Entre febrero y marzo de 2016 se realiza la nueva gira de Henry Nelson. Empezando en Estados Unidos en el "Gran Concierto del Amor" en las ciudades de New York y Long Island. Dos espectáculos maravillosos llenaron un extraordinario público, organizados por Mamey Producciones, para culminar con dos shows en las ciudades de Connecticut y Pensilvania respectivamente. En marzo Henry Nelson parte desde Estados Unidos para continuar su gira 2016 con destino a la ciudad de Guayaquil, Ecuador, con mucho éxito cantando la ciudad de El Chimbo, Guaranda con un público de más de 7.000 personas que cantaban junto a él sus canciones en la Plaza de la ciudad. para seguir rumbo a Santo Domingo y culminar su gira por Ecuador y regresar a Estados Unidos.

Henry Nelson Concierto 50 Aniversario "Palacio La Argentina con sus 11 músicos en vivo"

El 2 de septiembre de 2016 en el Gran Teatro "Palacio La Argentina", Henry Nelson celebró su trayectoria de 50 años en la música y además presentó su más reciente disco compacto "Soy el último romántico". Estrenó su canción que compuso por la paz de Colombia querida desde hace 25 años y que recientemente la grabó "Colombia de paz y amor". El Concierto fue filmado profesionalmente en un video histórico con 11 músicos en vivo, en el cual tuve el honor de formar parte en los coros y su hijo Henry Martin en la guitarra. En el mes de noviembre partió a Estados Unidos a cumplir compromisos artísticos en la ciudad de New York y además celebraría su cumpleaños en la Esquina de los Artistas de New York.

Henry Nelson Tour Concierto Del Amor Usa 2017

En febrero de 2017 empezamos la gira en la ciudad de New York. El 11 de febrero en el MELROSE BALLROOM, donde la capacidad del establecimiento llegó al límite que tuvieron que habilitar un segundo piso y aún así se quedaron personas sin poder conseguir localidad. El maestro HENRY NELSON compartió escenario con SILVANA, DANNY CABUCHE, LA PANDILLA, y el Grupo BODEGA. Un concierto inolvidable que quedó grabado en la memoria del público. En ese escenario el maestro Henry Nelson estrenó su más reciente canción "Colombia de paz y amor", que está incluida en su más reciente cd. "Soy el último romántico", y una chica del público subió al escenario a bailar con el maestro al estilo de Colombia. La gira continuó el 12 de febrero viajando por las ciudades de Chicago y Minneapolis para cumplir compromisos compartidos con Silvana, Bodega y La Pandilla. Para luego regresar el 17 de febrero a Queens y presentar un show de despedida en Sabor Latino, lo cual fue un rotundo éxito. El show histórico fue el que se realizó el 18 de febrero en el SCHUETZEN PARK, New Jersey. Realmente un espectáculo emocionante, miles de personas coreando y cantando las canciones del maestro Henry

Nelson, tanta euforia, tanto amor a su música, pidiendo una y otra más para que no se vaya del escenario. La gira culminó tan exitosa como se esperaba.

Henry Nelson en Concierto
"Azogues, Ecuador 2017"

En el año 2017 Henry Nelson estaba preparando su disco *"Ardiente y Pasional"* para presentarlo a fin de año. La radio Génesis FM 93.3 preparaba el gran Concierto para celebrar las fiestas de Azogues que se realizó en la gran plaza pública de la ciudad. Henry Nelson sería el artista internacional que daría un gran Concierto en octubre de 2017 frente a más de ocho mil personas.

Henry Nelson presenta
"Ardiente y Pasional"
Disco de Tangos 2018

En septiembre de 2018 Henry Nelson por fin presenta su disco más esperado por el público argentino y del mundo entero amantes del tango. Un un lugar emblemático de la ciudad de Buenos Aires llamado HOMERO MANZI, Henry Nelson, Ardiente y Pasional fue presentado con gran éxito. Las puertas del local abrían a la medianoche y los asistentes estuvieron esperando bajo la lluvia fría de un otoño argentino desde las 11 de la noche. Un gran espectáculo donde nos cautivó con un doble show de más de dos horas, con todos sus éxitos de baladas, y de su nuevo disco de tangos.

Henry Nelson Gira
Concierto del Amor, USA 2019

En febrero de 2019 se realiza la gira romántica Henry Nelson junto a grandes ídolos de la balada como Tormenta, Yaco Monty, Silvana Di Lorenzo, Luis Angel etc.. La ciudad de New York se vistió de romance en el "Melrose Ballroom", New York, y en el gran escenario del "Palacio Europa" de la ciudad de New Jersey. Dos históricos espectáculos que ya tienen reconocimientos en todas partes del mundo por ser el único que se realiza año tras año, con gran éxito, presentando a las leyendas de la música romántica, con una variedad en el elenco, con todo el profesionalismo.

Henry Nelson en Concierto en su querida Colombia 2019

En octubre de 2019 Henry Nelson se presenta en un gran Concierto del Amor, en el Teatro Jorge Issac de Cali, con una orquesta musical de grandes músicos colombianos, dos horas de espectáculo, el público de todos los rincones de Colombia llegaron a ver a su artista. Una caravana desde Armenia su tierra natal, fueron a presenciar el show, y ver a su ídolo que por varios años no había podido volver a cantarle a su Colombia querida. Desde Palmira, El Cerrito, con su representante, la Presidenta del Club de Fans de Colombia. Desde Manizales, Pereira, etc.. Seguían llegando a la única presentación en Colombia de Henry Nelson. Un Concierto espectacular, donde estrenó uno de sus temas que está causando furor en el mundo entero "El Gallo y la Pata", que también emocionó y conmocionó a los asistentes en la sala del teatro, que se pararon a bailar todos. Henry Nelson fue recibido como el hijo de Colombia que tanto extrañaban en los medios de comunicación, tanto radio, televisión, y prensa escrita que tuvieron la oportunidad de entrevistarlo, y presentarlo inclusive en su tierra natal Armenia del Quindío.

Henry Nelson, rompe récords de visitas en Youtube con su canción "El Gallo y la Pata"

Henry Nelson nos cuenta: "La historia de esta canción empieza desde cuando era un niño, tenía 8 años de edad, y me llevaron a vivir con mi tía Lilia, en un lugar del campo cerca de Salamina, Caldas, Colombia. Por los alrededores, habitaba un vecino que tenía un estanque grande, donde nadaban los patos, también tenían gallinas, y todos los animales de granja. Yo tenía un perro, mediano, color negro, que era mi mejor amigo, jugábamos siempre por los alrededores, cuando un día, me di cuenta que una pata y un gallo estaban juntos, el gallo le picoteaba a la pata el pescuezo y la pata también lo picoteaba, eso me impresionó y siempre me gustaba verlos. En mi mente de niño, no imaginé nada, pero con el tiempo recordé esta anécdota, y de verdad tenían gestos como de estar enamorados. En el año 1973 viviendo en Buenos Aires se me ocurrió componer el tema de esta historia, en la que fui testigo en mi niñez". Henry Nelson

EL GALLO Y LA PATA

Letra y música Henry Nelson
Un gallo se enamoró perdidamente,
de una pata que nadaba en la laguna,
Y ese gallo que era muy inteligente.
a la pata le cantaba con la luna.
Pero el pato que se había puesto celoso,
se metió por el corral de las gallinas.
Y decía: Este gallo me las paga,
y con todas las gallinas, solito se quedó.
El gallo aprendió a nadar, y la pata a cacarear.
Larairalaraira cua cua, larairalaraira cua cua.

"*Un día, tomando café con unos amigos músicos, Tulio de Rose, pianista y médico me pidió una canción para un nuevo grupo llamado Maravilla Tropical que estaba grabando. Le dije que tenía un gran éxito que había compuesto y le pasé la canción "El Gallo y la Pata". Desde que salió el tema grabado por el grupo fue un éxito total en Argentina y México, lástima que el grupo se desarmó al poco tiempo. En mi carrera como compositor ya tenía muchos éxitos tropicales colocados en los primeros lugares, como los que me grabaron "Los Wawancó" y "Los Martinicos". Pasaron los años y el cantante del grupo Maravilla Tropical, que estaba grabando en la compañía nacional me pidió una canción para grabar como solista, y le dije que ya se la había dado, que grabara "El Gallo y la Pata", lo hizo, y la canción siguió teniendo mucho éxito. Con el tiempo una compañía decidió hacer el dibujístico animado para "El Gallo y la Pata", y hoy en día es una de las canciones de Youtube más vistas en el mundo con más TRES MIL MILLONES DE*

VISTAS, 3,000'000.000 en Estados Unidos, Rusia, China, Europa, México y Latinoamérica. Esa canción también tiene mi versión, y el video que lo pueden ver y escuchar en mi nuevo canal de Youtube".

"Mis Mejores Trabajos Musicales en Pandemia" Henry Nelson Nueva Producción 2020-22

"Cuando apareció la pandemia el mundo entró en un laberinto, donde el caos era el denominador común. Mientras las autoridades de todos los países buscaban estrategias y nos exigían protocolos para evitar los contagios, la humanidad se sumergió en un mundo de incertidumbre. La depresión hizo de las suyas, para las personas que perdían a sus seres queridos, sus trabajos, y también la salud. El aislamiento fue la única salida, que sirvió para muchas familias en recrear la unión, aunque para otros no fue así. En mi caso personal, ese encierro, y en tiempos de reflexión, el ángel de la creatividad me visitó para componer canciones nuevas, con el objetivo de dar amor, alegrar y alumbrar a la humanidad, empecé creando la canción "RESPIRA", que tiene un contenido profundo y te brinda esa esperanza que necesitamos en estos tiempos difíciles. Me preparé física y vocalmente para este proyecto. Mi disciplina era tal que todos los días me levantaba a ejercitarme antes de entrar al estudio de grabación. Todo iba muy bien, hasta que un día me sentí mal, en principio pensé era solo un resfriado, pero fui empeorando, por lo cual llamé a mi médico personal, quién me visitó y me hizo la prueba, a lo

cual resultó positivo del COVID-19, en principio me asusté, no quise hacerlo público para no preocuparlos, estuve dos semanas aislado y monitoreado por los médicos que me visitaban a diario. Gracias a Dios, estaba vacunado con la primera dosis, mis defensas no estaban bajas y lo más importante, contaba con muy buenos médicos a mi alrededor, por lo cual pude vencer el COVID-19, aquí sigo, cantando para ustedes con el alma y agradecido por esta oportunidad de vida. Hoy puedo decir que salí más fortalecido, al vencer a la adversidad, siempre que se han presentado dificultades en lo que a la vida se refiere".

"Siempre, venciendo a mi destino", Henry Nelson.

Henry Nelson graba un gran dúo de su tema más popular en el Ecuador en 2021

Henry Nelson graba "Te daré un mañana" junto a Paulina Tamayo, en un proyecto especial que ella tiene preparado para el público en el 2022. El tema y el video se grabaron en la ciudad de Quito en noviembre de 2021, una canción que ganó Disco de Oro en 1977 por sus ventas, y además se colocó en los primeros lugares por tiempo indefinido, siendo la más tocada y solicitada en las radios del Ecuador.

Conclusión

*Ha sido una gran satisfacción como escritora poder recrear la historia de un ídolo de la música, quién no solo triunfó en el género de la balada, el eterno romántico, quien nos canta al amor y por amor nos regala su corazón en cada nota de sus canciones. Henry Nelson ha sido de los pocos en el mundo que ha incursionado en varios géneros musicales, empezando su carrera cantando **boleros, vallenatos, cumbias, guaracha, boogaloo, salsa, música infantil, folklore argentino, balada melódica y romántica, y recientemente tangos,** digno representante de Colombia y Latinoamérica para el libro de Guinness. Un gran talento dentro de un ser humano extraordinario que nos habla a través de sus canciones y nos estremece al sonido de sus notas musicales, de cierta manera nos traslada a un mundo de sensaciones. La historia del músico y cantautor que abrió las puertas de su alma y su corazón para contarnos su historia personal y artística, que ha marcado su vida para siempre. La trama nos llena de un aprendizaje de perseverancia y sencillez como ninguna otra historia haya sido contada. Un ser humano que supo esquivar los duros golpes que la vida le brindó, y que a pesar de todo su sufrimiento, nunca esencia y su nobleza. Les dejo este mensaje divino como un concepto de vida con el sello de Henry Nelson: "Todas las cosas tienen siempre un lado bueno y un lado malo, elijamos el* lado bueno y descartemos el malo". Aprendí que debemos tener siempre una actitud positiva pese a las adversidades, motivo por el cual el maestro Henry Nelson superó las dificultades para poder lograr sus objetivos. Esta historia no solo marcó la vida de Henry Nelson, además con sus vivencias nos deja un ejemplo de gran sabiduría para los que aún no hemos alcanzado ese nivel de vida, y aprendamos a vencer los obstáculos, para crearle a nuestro mundo un ambiente de armonía.

Discografía de Henry Nelson

1. *Mis Mejores Trabajos en Pandemia - 2022*
2. *Henry Nelson, Ardiente y Pasional - 2019*
3. *Soy el último romántico - 2014-2017*
4. *Mis mejores canciones - 2009*
5. *Caminito de luna - 2006*
6. *Henry Nelson, Grandes Exitos - 2005*
7. *Henry Nelson, Super Exitos - 2004*
8. *Henry Nelson, Exitos de Oro - 2003*
9. *La Historia de un Ídolo -1986*
10. *Compartiendo la vida - 1985*
11. *Siempre serás tú - 1984*
12. *Latinoamericano - 1983*
13. *El Rey del Vallenato - 1982*
14. *Refranes - 1981*
15. *Buenas noches sentimiento - 1980*
16. *Mi amigo de Ley - 1979*
17. *Yo canto por amor - 1978*
18. *Te daré un mañana - 1974*
19. *Amarte es mi alegría - 1972*
20. *Fuego en la cumbia - 1967*
21. *Con guaracha y cumbia - 1966*
    En el mismo 1966 grabó tres discos para la CBS con la Orquesta de Lucho Bermúdez

22. *Colombia tierra querida*
23. *Lucho Bermúdez Internacional*
24. *Lucho Bermúdez Diferente*

Galería de Fotos de Henry Nelson

**CONCIERTOS
HENRY NELSON EN EL FESTIVAL DEL
AMOR, New York, Estados Unidos**

HENRY NELSON en el Festival del Amor, New Jersey, Estados Unidos

Henry Nelson, Concierto del Amor, Tampa Florida

HENRY NELSON EN CONCIERTO EN EL TEATRO JORGE ISSACS, CALI, COLOMBIA

HENRY NELSON EN CONCIERTO, ARDIENTE Y PASIONAL EN HOMERO MANZI, BUENOS AIRES

HENRY NELSON EN CONCIERTO 50 ANIVERSARIO, PALACIO LA ARGENTINA

HENRY NELSON en el Concierto del Yamor, Otavalo - Ecuador

HENRY NELSON EN CONCIERTO, AZOGUES, ECUADOR

HENRY NELSON EN CONCIERTO,
EL CHIMBO, ECUADOR

HENRY NELSON EN D'ANTIGUA NEW YORK

HENRY NELSON

Henry Nelson

te extrañare mi amor

Cuando ya no me quieras te extrañare, cuando no estés conmigo te extrañare, cuando ya no me nombres y me sienta vacío yo, yo te extrañare, te extrañare, te extrañare... Te extrañare mi amor, te extrañare, te extrañare hasta el fin te extrañare, extrañare tu boca, tu sentir, tu pelo, tu reír tu forma de querer extrañare..... Cuando ya no me quieras te extrañare, cuando no haya un amigo te extrañare, cuando muera en tus brazos sabiendo que eres mía yo te extrañare....

HENRY NELSON

Portadas de su Discografia

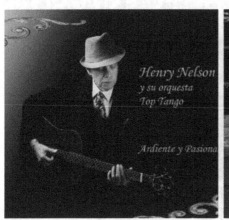

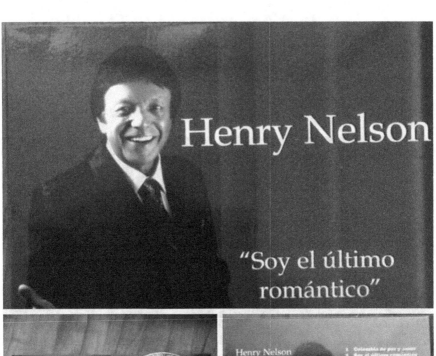

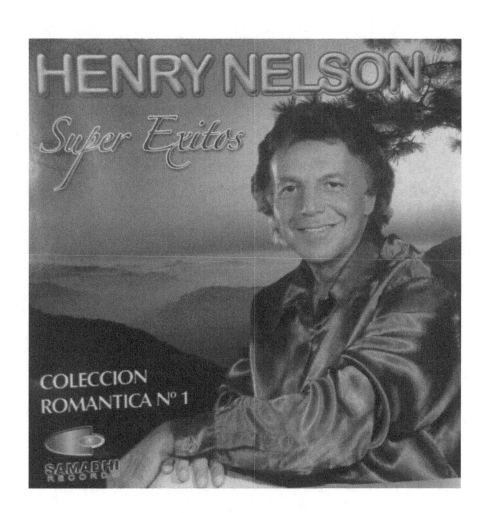

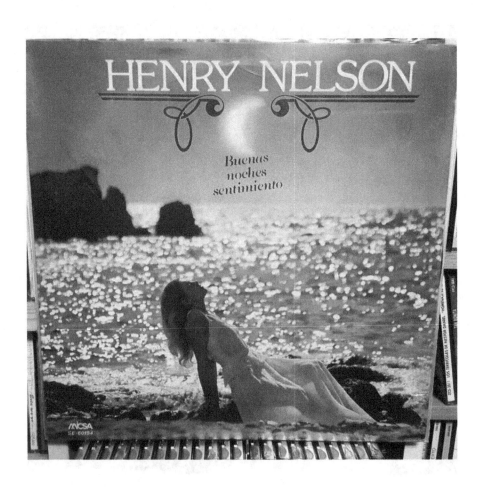

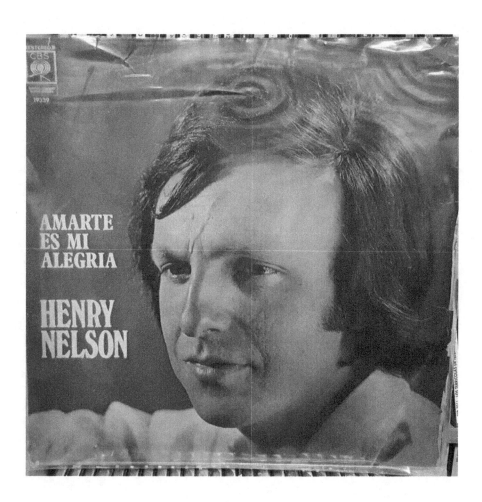

AMARTE
ES MI
ALEGRIA

HENRY
NELSON

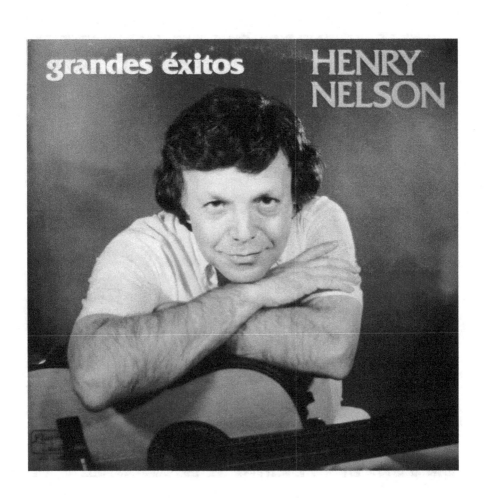

La Historia
de un Idolo
HENRY
NELSON

ESTEREO
CBS
ESTEREO
931-0044

COMO
LO VIO
EN TV.

Henry Nelson
yo canto por amor

Reina de mi vida
Soy el que sueña contigo
Quiero saberme tuyo
No lo engañes más
Cuando el amor nos llama
En las sombras de mi noche
Juré no amar
Sé que te hice mal
Yo soy el hombre aquel
El Caney se quedó triste

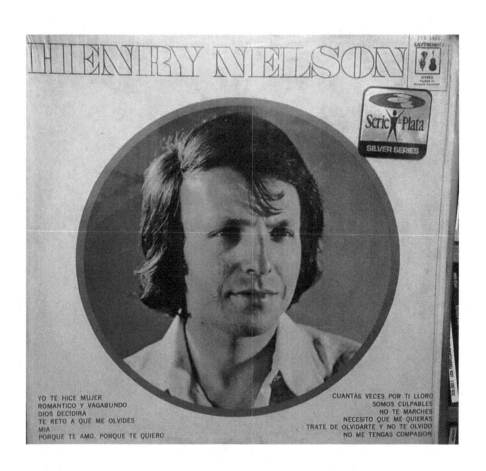

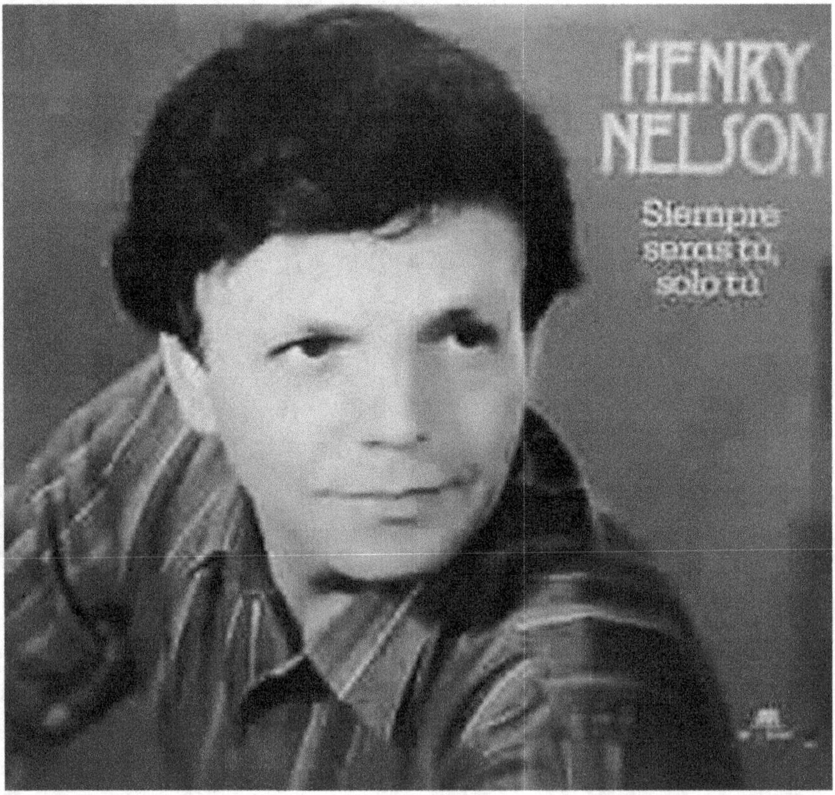
HENRY
NELSON
Siempre
serás tú,
solo tú

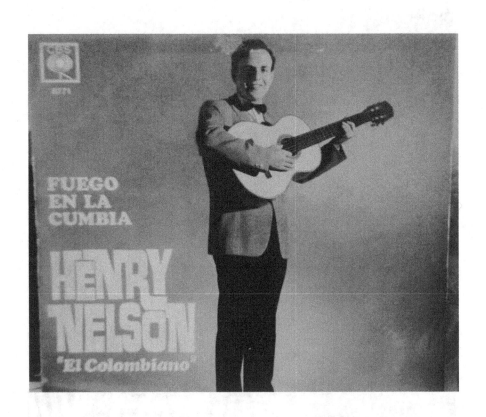

FUEGO
EN LA
CUMBIA

HENRY
NELSON
"El Colombiano"

"El amor es un bicho" grabado en los 70s

"El amor es un bicho" reeditado en España 2020

ANÉCDOTAS DE HENRY NELSON

Eugenio Pra, del trío "Tequendama"

Desde Australia donde vivo actualmente, quiero contar la historia de cuando nos conocimos con Henry. Yo estudiaba medicina y trabajaba para Laboratorios Pfizer en Córdoba, Argentina, pero un día lo dejé para hacer realidad mi sueño de cantar, y me fui a la capital donde conocí a Henry, Alfredo y José Cruz que habían llegado de Colombia a Buenos Aires con el trío "Tequendama", pero como Alfredo se regresó a Colombia faltaba un integrante, y ahí fue mi oportunidad de ser parte del trío "Tequendama" en el año 1963, yo hacía la primera voz, y Henry la segunda. En ese tiempo entramos en el círculo grande de la música, y trabajamos exitosamente en los lugares más famosos y exclusivos de Buenos Aires, viajamos por varias ciudades de la Argentina, incluso trabajamos en el vecino país de Uruguay con mucho éxito hasta el año 1964 cuando yo decidí que debía buscar mi futuro como solista en la música, me propuse viajar a España para cantar en algunas ciudades de Europa. Me dio mucha tristeza dejar el trío, ya que teníamos muchos contratos por cumplir pero Henry me dijo que no me preocupara que él buscaría otro integrante de inmediato. Henry estudió música y era un genio musicalmente hablando, tan talentoso, y les cuento una anécdota, "Un día íbamos caminando por la calle, cuando de pronto, Henry comenzó a silbar una canción, pero no era la melodía, era la armonía del tema, increíble hazaña, quedamos sorprendidos José y yo por su genialidad". Henry desde jovencito ha sido, y sigue siendo una gran persona, buen amigo, y fue un honor trabajar con el trío y como artista Henry Nelson es un talento latinoamericano de los que ya no existen, yo soy su primer admirador desde que lo conocí hasta la presente fecha. Tengo todo su material que ha grabado y pienso que hoy interpreta mejor que nunca, ya que tiene una voz madura y potente, y sus composiciones son extraordinarias, mi admiración y respeto por siempre, me siento orgulloso por la gran amistad de tantos años que nos une.

El trío Tequendama, Henry, José y Eugenio

Eduardo Quiroga, Jefe de Prensa en Ecuador

Conocí a Henry Nelson hace más de 40 años en la Disquera Ifesa de Guayaquil, la más famosa en el Ecuador. Henry Nelson grababa para la CBS, hoy en día es la SONY. En esos tiempos sus canciones sonaban en todo el país, él era el artista número uno en el rating discográfico, tanto en ventas como en audiencia radial y de televisión. Yo trabajaba en las promociones de Radio y TV., por lo tanto, estaba en todos los eventos relacionados con la prensa para Henry Nelson, y tuve el honor de presenciar cuando le entregaron su DISCO DE ORO por las ventas de sus canciones "Te daré un mañana" y "Te extrañaré mi amor". Así cada vez que él venía al Ecuador, yo estaba siempre en todo lo relacionado a la prensa y sus actividades artísticas, por lo que nos hicimos grandes amigos, hasta la fecha de hoy en día, mantenemos comunicación. Henry Nelson escribió en las letras de sus canciones la palabra "CORAZÓN", por eso creo que él ha sembrado "AMOR", en toda su trayectoria musical, con su estilo único de crear canciones y componer música. Bernard Fougers le dijo: "Henry Nelson, eres un gran artista, siempre auténtico en tus respuestas, con el mismo carisma, y un gran corazón, realmente admirable, soy fan tuyo". Henry como artista es un gran talento latinoamericano, una leyenda, y como persona es un ser humano ejemplar, noble, sencillo y muy alegre. Es un regalo de la vida encontrar seres como él, con tantas cualidades, y que yo pueda llamarlo mi "ÑAÑO", porque así lo siento.

Pedro Vicente Cabrera
(CIMA TV ONLINE)

Mi encuentro con un grande de la música universal, tremendo artista e incomparable ser humano sucedió en el mes de enero de 1983, cuando el ingeniero de sonido de Radio CRE, Guayaquil, Angel Neira me indicaba que me preparara para entrevistar al artista Henry Nelson, que estaba sonando fuerte en todo el país y en especial en nuestra fraterna Radio Tropicana 540 AM. Henry Nelson, el artista que logró ubicar en primer lugar de sintonía todas sus canciones, éxito tras éxito con un récord de canciones que estaban escribiendo su propia historia tales como: "Los amantes en enero" "Te daré un mañana" "Te reto a que me olvides" "Qué pasa entre los dos" "Te extrañare mi amor, te extrañaré" "Rompamos el contrato". "Esa gran figura de la historia de la música romántica es Henry Nelson, un cantautor con estilo propio, diáfano, transparente, sencillo y amable con la prensa, y con todos los fans que se le acercan". El entrevistador soy yo, quien tenía 19 años haciendo incursión en la radio. Fue una entrevista espontánea, sin poses, ni palabras rebuscadas. Con Henry Nelson aprendí la definición de la causa del éxito del que venía precedido este personaje, sencillo, y para mí era sorprendente, un grande de admirar. El público del Ecuador se enamoraba con sus canciones en esa época, y en la actualidad los hijos y nietos de esas generaciones siguen la tradición, escuchan y piden sus canciones. Los enamorados se refugian en las letras de las canciones de Henry Nelson. He tenido la suerte de entrevistarlo en varias ocasiones, pero Dios me regaló la oportunidad de saludarlo y entrevistarlo en vivo en cabina de Radio CIMA TV ONLINE, son nuevas formas de comunicación en pandemia, pero con un símil rodeando el ambiente, el romanticismo en su máxima expresión. Henry Nelson sigue componiendo y creando nuevas canciones actuales por lo que se quedó y seguirá vigente para siempre en los corazones de sus fans, lo cual lo convierte en un irrepetible de la música. Su talante y talento lo proclama: "El último romántico, el romántico de siempre".

"Celebrities" desde España
con Jaqueline Castro

Conocí la música de Henry Nelson en 1975. En Ecuador nunca tuve la suerte de hacerle una entrevista, pero desde España he tenido la oportunidad de entrevistarlo para diferentes medios de comunicación como radio y televisión. Henry Nelson es un grande de la música romántica que ha hecho historia no solo en el Ecuador y Latinoamérica sino en el mundo entero. Su estilo propio de componer y arreglar sus canciones lo convierten en una leyenda viviente. Un tremendo cantautor, embajador de la música y genio del romanticismo cien por ciento, que nos hace suspirar con sus poesías, nos ha enamorado y en la actualidad las nuevas generaciones escuchan sus canciones y se enamoran de ellas, porque Henry Nelson llegó para quedarse en los corazones enamorados. Henry Nelson es una persona sencilla y noble, cualidad que adorna al artista, digno de admirar, y que muy pocas veces existe esta conjunción del artista con el ser humano. Después de entrevistar en varias ocasiones a Henry Nelson me dejó una gran enseñanza: "A ser más espontánea y humilde en todos los aspectos de la vida".

Humberto López su primo - hermano

Humberto nos cuenta: "La experiencia de mi niñez con Henry fue muy hermosa, y tengo muchos recuerdos de ese tiempo. Para empezar te cuento que gracias a él, se despertó en mí la afición por el fútbol, pues él se reunía con los chicos de la barriada donde vivíamos y jugaban en una cancha que había cerca. Henry me llevaba a que lo viera jugar, por cierto, él era portero y los dos equipos se lo peleaban para que tapara en la portería contraria. Yo era muy niño, no entendía muy bien, pero creo que era una coladera, menos mal decidió ser cantante. Él era como mi hermanito mayor, y siempre que yo hacía una travesura, estaba ahí para sacarme del problema. Henry era y sigue siendo una persona con mucho calor humano. Recuerdo también que en las tardes, después de cenar se ponía a cantar varias canciones que eran populares en la época. Sus cantantes favoritos eran Celia Cruz, Daniel Santos y otros, pero recuerdo una canción que se llama "La salida de los los animales", me gustaba mucho, tal vez por que los nombra a todos, le pedía que me la cantara varias veces. Henry lo hacía con mucho gusto, desde ahí le conozco su afición por la música. En la escuela Enrique Olaya Herrera de Armenia, Quindío cuando empecé el primer grado, él ya estaba en quinto, fue donde lo escuché cantar por primera vez para el público. En la escuela se hacía una actividad todos los sábados que se llamaba SÁBADO

CULTURAL en donde los alumnos podían actuar, recitar, cantar, etc. Henry se volvió muy popular, los compañeros de escuela lo esperaban para escucharlo cantar, yo me sentía muy orgulloso de él. Y hoy en día, me sigo sintiendo así porque lo quiero, es mi hermano. Es un ser humano extraordinario, muy noble así como talentoso, carismático y siempre alegre".

Raúl Seyler(+) su representante en Argentina

Raúl nos habló sobre Henry Nelson: "Trabajé mucho tiempo con la empresa que representaba a Henry. Yo era su representante, en cada una de sus actuaciones, de hecho me encargaba en lo concerniente a las presentaciones. Recuerdo que en un show, me pidió que yo lo presente ante el público, porque su presentador no podía venir esa noche, pero no me animaba a hacerlo, me convenció, y salí al escenario con un micrófono en la mano, me defendí bastante bien, de ahí en adelante, no dejé de hacerlo. En una oportunidad tenía que acompañarlo al sur de Argentina a un lugar llamado Trelew. Yo estaba muy entusiasmado en acompañarlo pues no conocía el sur, y para mí, era muy importante. De pronto sucedió que me llamaron de la Agencia para decirme que yo no iba en ese viaje, pero que debía acompañar a otro artista. Yo me enojé bastante, les dije que si no era con Henry Nelson no iba acompañar a ningún otro artista. En conclusión el líder de la banda que yo tenía que acompañar era Mister Trombón, lo que ocurrió fue que al regreso chocaron en la ruta, y en el accidente muere Mister Trombón, y los demás músicos que viajaban con él, quedaron muy mal heridos hospitalizados por mucho tiempo. Así es que, por ser fiel a mi querido Henry Nelson me salvé de morir.

Esta es una anécdota triste pero que siempre recuerdo, pero prevalecen los buenos momentos que pasamos juntos en todos los viajes de fin de semana, por varios años. Por ejemplo, una noche después de varias actuaciones en la ciudad de Mendoza, fuimos a cenar, cuando terminamos de comer me levanté para ir al baño, cuando regresé ya no había nadie en la mesa, salí a la calle y tampoco estaba la camioneta con los músicos. Lo que pensé fue: ¿Qué hago ahora aquí en una plaza solo? Me senté en un banco pensando qué hacer. Una hora más tarde, Henry se dio cuenta que yo faltaba, entonces volvieron por mí. Mientras esperaba me puse a mirar las estrellas, mientras sentía una desolación. El sol ya empezaba a iluminar un nuevo día, y veo que aparece Henry con su eterna sonrisa en la ventanilla de la la camioneta, sentí una gran alegría.

Una charla informal con Henry Nelson

En una conversación informal Henry Nelson nos contestó algunas de las preguntas que seguramente todas sus fans desean saber, y ésto fue lo nos dijo:

1.- *¿Cómo nació el nombre artístico de Henry Nelson?*
    Se nos ocurrió que como mi nombre es Henry Osorio, buscábamos algún nombre que complemente a Henry, pensamos en Henry King primero, pero al final quedó Henry Nelson.

2.- *¿Quién es la musa inspiradora de tus canciones?*
    La mujer.

3.- *¿Cuál de tus temas es tu favorito, y por qué?*
    Tengo varios temas que quiero mucho, diría que son algunos de mis favoritos tales como: "Una canción a Paulina" este tema tiene la sensibilidad que yo buscaba al componer. "Te reto a que me olvides", "Te daré un mañana" "Te extrañaré mi amor" y "Los amantes en enero", han sido temas que me han brindado muchas satisfacciones. Hoy en día te diría que también es "El Gallo y la Pata", porque es el tema más popular en el mundo entero, con más de tres mil millones de vistas en Youtube.

4.- *¿Qué es el amor para Henry Nelson?*

El amor es la condición más hermosa del ser humano y nada se le parece.

5.- ¿Cuál ha sido el momento más importante en tu carrera artística?

Cuando grabé mi primer disco de larga duración "Amarte es mi alegría".

6.- ¿Cómo contribuye Henry Nelson para ayudar al planeta?

Concientizando a las personas de mi entorno a que amen el planeta, a reciclar la basura, a no desperdiciar el agua y la electricidad.

7.- ¿Cuál sería el mundo perfecto para Henry Nelson?

Que en el planeta todos los seres humanos tuvieran acceso a las necesidades para vivir mejor, educación, un trabajo digno y atención médica.

8.- ¿A quién admiras como ser humano en este mundo?

A Greta Thunberg, una jovencita sueca que defiende al medio ambiente.

9.- ¿Qué es lo que une y qué separa a los seres humanos?

El amor une y la mentira separa.

10.- ¿Cuáles son los ideales de Henry Nelson?

Ser cada día una mejor persona.

11.- ¿Qué significan Ecuador, Colombia y Argentina en tu carrera artística?

Ecuador con su gente de gran corazón, es donde más apoyo le han brindado a mi música, donde más fanáticos y

grandes amigos tengo, es uno de los tres países que más quiero;
Colombia es mi tierra querida donde nací, que amo y extraño;
y Argentina donde consagré mi carrera artística, donde vivo y
tengo la familia que formé.

12.- ¿Qué proyectos musicales tienes para el futuro?

Después de grabar el Disco Compacto de tangos Henry
Nelson, Ardiente y Pasional, empecé un nuevo ciclo de
grabaciones, nuevos temas y nuevos videos para deleite del
público, además ya grabé con la voz actual, y nuevos arreglos
un tema que está causando furor en toda Europa y que lo había
grabado en los 70s "El amor es un bicho". Además de presentar
mi mejor producción en el 2022, que ya está circulando en mi
nuevo canal de Youtube y se titula "MIS MEJORES TRABAJOS
EN PANDEMIA".

13- ¿Cuál es el mensaje para tus fans y para la humanidad en
general en los tiempos que estamos viviendo ahora, en especial
por la Pandemia, Covid-19?

"Mi agradecimiento a todos mis clubes de
fans del mundo por su apoyo desinteresado e
incondicional desde mis comienzos hasta el
día de hoy, sin ellos no pudiera seguir con esta
carrera de cantar por los caminos del mundo.
Para la humanidad deseo que termine la
pandemia del Covid-19 y volvamos a abrazarnos,
y muy importante tendríamos que luchar para
erradicar el hambre, la corrupción y las guerras
en el mundo". "Mi deseo más profundo es que
en un futuro reine el amor y la paz". "A mis fans

que los llevo en mi corazón hasta el final de mis días, les regalo mi música, en cada nota musical les dejo mi corazón y mi alma, es lo mejor que tengo y se los brindo a ustedes".

Henry Nelson

Henry Nelson y la música actual

"En los tiempos en que vivimos ahora, por causas burocráticas o políticas la emigración en nuestros países latinoamericanos ha crecido enormemente, han tenido que abandonar sus países, sus costumbres y hasta el idioma. Entonces, ellos son los que más consumen la música que los lleva a recordar y volver a vivir esos momentos, en que una canción entraba por las venas en el alma de los corazones enamorados". *"En el nuevo milenio el negocio de la música se ha perdido bastante, hay pocos conocedores que les guste escuchar la buena música llena de poesías, bien instrumentada, con arreglos perfectos. La época de la balada y el romanticismo en que los compositores escribían poemas y le cantaban al amor no está en su mejor momento. En mi caso, me siento privilegiado y agradecido de mi público de cuatro generaciones. En la actualidad, me llena el alma comprobar en mis más recientes giras por el mundo, como la mamá, el papá, la hija, y hasta el nieto corean una estrofa de alguna de mis canciones. Esos momentos que he vivido, han sido de mis mejores, estoy convencido que el éxito más grande es el amor del público hacia mis canciones, que son mis creaciones y parte de mí mismo, me siento amado y son correspondidos".*

"El amor, la poesía y la música van de la mano. Actualmente en la música que se escucha en los medios, no se logra esa conjunción que hacía que una canción se exprese por sí sola e identifique a tantos corazones en el mundo entero. En el mundo moderno se le negó a la nueva generación a que sientan lo que es una canción bien arreglada con poesía y sentimiento. Por suerte aún existe público para todos, y también cantautores que seguimos creando poesías convertidas en canciones para los que aman las baladas y la música romántica en todo su esplendor, que salvan a este género del olvido, y están deseosos por acudir a los conciertos a escuchar a los cantores de antes, cuando el amor verdadero existía y con una simple canción tanta gente se enamoraba".

"Hoy en día el estilo y ámbito musical que escucha la juventud es totalmente opuesto a lo de nuestra época".

Henry Nelson

Dedicatoria

Un honor dedicarle un libro a un gran artista colombiano que ha grabado y compuesto canciones en casi todos los géneros musicales. Músico, compositor, productor arreglador y gran intérprete que Colombia vio nacer; Argentina lo adoptó hace más de 60 años; y Ecuador lo consagró como Henry Nelson, el romántico de siempre para llevar su música al mundo entero. Un ser humano que ha sido ejemplo a seguir en la búsqueda por convertir sueños en realidades, para entregarnos su talento a través de sus hermosas poesías convertidas en canciones y su grandiosa voz. Mi agradecimiento a su familia, que son parte importante en la historia; A sus amigos; A los clubes de fanáticos de Ecuador, Colombia, Argentina, de Estados Unidos, del mundo entero, y a los medios de comunicación que forman parte del éxito de los artistas. La historia del artista y ser humano conecta con todo aquel que ame las poesías en la música romántica, que sabe percibir en una canción el amor, la ternura y el sentimiento que el protagonista nos entrega en cada nota de sus canciones y también a los que buscan su identidad en la vida como seres humanos. Dedicado a los que les gusta las historias reales, el libro tiene un mensaje positivo hacia la humanidad, te muestra lo que el personaje fue capaz de resistir por defender su existencia para cumplir lo anhelado, y con sus vivencias, el mundo reconocerá que el amor y la música brindan la felicidad que todos necesitan, digno para una película, que por su contenido se convierte en un ejemplo de lucha y perseverancia por alcanzar los sueños, así parezca imposible. Se la dedico a los productores que buscan una historia real, con una temática profunda y un final feliz.

Redes Sociales

1.- Página oficial Henry Nelson
https://www.facebook.com/pages/Henry-Nelson/203009609781948

2.-Henry Nelson Fan Club New York
https://www.facebook.com/groups/HENRYNELSONCOLOMBIA/

3.-Libro Biográfico
https://www.facebook.com/libro.henrynelsonelultimoromantico

4.- Henry Nelson Club de Fans de Colombia
https://www.facebook.com/groups/137256776427074/

5.-Henry Nelson Club de Fans de Argentina
https://www.facebook.com/groups/1699978853559023/

6.- Club de amigos Henry Nelson en Ecuador
https://www.facebook.com/groups/882153955149919/

7.-Amigos que les gusta Henry Nelson
https://www.facebook.com/groups/962193200567696/

8.-Club de amigos Henry Nelson en Colombia
https://www.facebook.com/groups/clubamigoshenrynelsoncolombia/

9.-Canal de Youtube
https://www.youtube.com/channel/UCT3VDbckKWDA1z2-9LsLtsw

10.- Instagram
https://www.instagram.com/henrynelsonclubdefans/

Henry Nelson compuso este tema en su más reciente producción en Pandemia, en el que se describe a sí mismo en esta canción.

La Pluma Enamorada
Autor y compositor Henry Nelson

Desde adentro en lo profundo,
me gusta cantarle al mundo,
del amor soy mensajero,
porque amar es lo primero.
Es muy bonita la rosa,
y es la mujer más hermosa.
Me gusta el amor sincero,
y me entrego cuando quiero.
En el cuerpo tengo fuego,
y doy todo lo que siento.

Soy la brisa que acaricia,
y sé querer sin malicia.
Soy la voz que dice y crece,
el silencio que ensordece.
Soy lo mucho, soy la nada,
soy la pluma enamorada.
Soy amigo del amigo,
soy razón que suena y llueve.
Soy la noche, luna llena,
amanecer y luz plena.
Soy león y soy paloma,
soy el llanto que no asoma.
Soy un pájaro que canta,
tengo un don en mi garganta.
Ser mejor a Dios le pido,
y comparto el pan y el vino.
Soy fatiga, soy respiro,
y lo mejor, soy tu amigo.
Soy cantor y escribo las historias que vive la gente
No contamino el planeta, vuelo libre, soy poeta.
Soy lo mucho, soy la nada, soy la pluma enamorada.
Voy haciendo mi destino, mientras el pie hace camino.

Printed in the United States
by Baker & Taylor Publisher Services